Pressestimmen zu Jesper Juul

»Der dänische Familienexperte Jesper Juul hilft Erwachsenen, das schwierigste Problem einfacher zu machen: wie sie mit Kindern umgehen sollten.« *Die Zeit*

»Eltern lieben Jesper Juul dafür, dass er Auswege aus den Erziehungsfallen der Gegenwart eröffnet.« *Frankfurter Allgemeine Sonntagszeitung*

»Jesper Juuls Bücher sind wahre Bestseller, dabei behandeln sie eines der schwierigsten Gebiete überhaupt: die Frage der richtigen Kindererziehung.« *Süddeutsche Zeitung*

»Der dänische Familientherapeut ist ein kluger Mann, der seit Jahren Eltern mit seinen intelligenten und warmherzigen Empfehlungen die Last des Erziehens leichter macht.« *spielen & lernen*

»Der einflussreichste Familientherapeut des Kontinents.« *Brigitte*

»Jesper Juul ist Europas gefragtester Pädagoge der Gelassenheit.« *Die Zeit*

»Juul ist eine Lichtgestalt der modernen Pädagogik. Im Unterschied zu vielen Kollegen betont er nicht die Schwierigkeiten, sondern die Ressourcen der Eltern-Kind-Beziehung. Der selbstquälerischen Suche nach Schuld setzt er einen gelassenen Optimismus entgegen.« *Der Spiegel*

»Der bekannte dänische Familienberater schöpft sein Wissen aus 40 Jahren Berufserfahrung. Seiner unaufgeregten Art zu argumentieren folgt man gern.« *Buchjournal Extra*

JESPER JUUL

Respekt, Vertrauen und Liebe

Was Kinder von uns brauchen

BELTZ

Herausgeber: Mathias Voelchert

Alle Namen von Kindern wurden anonymisiert

FSC www.fsc.org MIX Papier | Fördert gute Waldnutzung FSC® C089473

Dieses Buch ist erhältlich als:
ISBN 978-3-407-86630-1 Print
ISBN 978-3-407-86631-8 E-Book (EPUB)

4. Auflage 2025

Lektorat: Katharina Theml, Petra Dorn
Verschriftlichung und Übertragung ins Schriftdeutsche: Nuka Matthies
Illustration: www.gutentag-hamburg.de
Umschlaggestaltung: www.anjagrimmgestaltung.de
Bildnachweis: Jungen: © iStock.com/Orbon Alija, Hintergrund: © Jacob/Stocksy
Herstellung: Sonja Frank
Satz: Publikations Atelier, Dreieich
Druck und Bindung: Beltz Grafische Betriebe, Bad Langensalza
Beltz Grafische Betriebe ist ein Unternehmen mit finanziellem Klimabeitrag (ID 15985-2104-1001)
Printed in Germany

Weitere Informationen zu unseren Autor_innen und Titeln finden Sie unter: www.beltz.de

Genießen Sie einander und Ihre Kinder.
Das ist das Beste, was Sie für sich
und Ihre Kinder tun können.

JESPER JUUL

Inhalt

Geleitwort

Die Grundpfeiler des Lebens mit Kindern, die das Zentrum dieses Buches bilden – Respekt, Vertrauen und Liebe –, entspringen der festen Überzeugung Jesper Juuls, dass die Millionen Mütter und Väter auf der Welt *die* Experten für ihre Kinder sind. Sie sind es, die täglich ihr Bestes geben. Genau deshalb interessiert Jesper Juul sich nicht für eine intellektuelle Debatte über Erziehung oder sucht nach Methoden, um Menschen passend zu machen. Wir sind alle grundverschieden. Wir sind von unserer eigenen Geschichte, von unserer Herkunftsfamilie, von Konventionen, Kultur und Gesellschaft beeinflusst – darauf einzugehen, ist der Schlüssel. Der Schlüssel heißt Beziehung. Wie wir ihn einsetzen, steht in diesem Buch.

Jesper Juul ist im Juli 2019, mit nur 71 Jahren, von uns gegangen. Trotz seiner jahrelangen, schweren Krankheit widmete er einen großen Teil seiner Zeit und Energie seinem Lebensthema: der gleichwürdigen Begleitung von Kindern und ihren Familien. Noch zwei Monate vor seinem Tod sprach er mit seiner langjährigen Lektorin im Beltz-Verlag über die Idee, ein Buch zum Thema »Respekt, Vertrauen und Liebe« zu publizieren. Wie oft hatten wir über dieses Thema gesprochen: Respekt, Vertrauen, Liebe – das ist die Essenz gelingender Erziehung. Wie oft hat Jesper Juul sich mit dem Thema in seinen Vorträgen und Beratungen auseinandergesetzt. Leider kam er nicht mehr dazu, sein Herzensprojekt in ein Buch zu verwandeln. Nun habe ich die Aufgabe übernommen, die Texte von Jesper Juul für dieses Buch auszuwählen.

Drei Vorträge, die Jesper Juul im Jahre 2011 hielt, ganz kurz bevor er krank wurde, liegen dem Buch zugrunde. In Dresden sprach er über Erziehen als eine Frage des Respekts, in Hamburg über Pubertät und warum spätestens ab zwölf Jahren Erziehen nicht mehr geht, und in Koblenz skizzierte er seine Gedanken zu einer neuen Erziehungskultur. Das Thema Respekt als Fokus der Erziehung könnte aktueller nicht sein – wo Kindern und Jugendlichen immer wieder respektloses Verhalten vorgeworfen wird, dreht Jesper Juul den Spieß um: Nicht unseren Kindern mangelt es an Respekt, sondern uns Erwachsenen fehlt häufig der Respekt für Kinder und Jugendliche. Nicht nur an Eltern wendet er sich, sondern auch an eine zunehmend kinderfeindliche Gesellschaft. Auf seine unnachahmliche Art schafft er den Perspektivenwechsel. Und: Wie immer geht er mit uns Eltern gleichwürdig um; er weiß um unsere Nöte, er spricht zu uns zugewandt und verständnisvoll. Dasselbe gilt für Fachleute, die wie die Eltern zu Tausenden in seine Vorträge und Beratungen kamen.

Was tun wir mit Kindern im Trotzalter? Die sich auf den Boden werfen und unbedingt ein Eis wollen? Das Kind ernst nehmen, ihm vermitteln, dass wir seine Wünsche verstehen.

Aber das heißt nicht automatisch, alle seine Wünsche auch zu erfüllen. Was ist, wenn ein Kind aus der Schule mit schlechten Noten heimkommt? Nicht auf Gehorsam bestehen, sagt Jesper Juul, sondern gemeinsam nach Gründen und Lösungen suchen. »Angst können wir in Kinder einpflanzen, Respekt müssen wir uns verdienen«, das ist seine Botschaft an alle, die unseren Kindern nahe sind. Was tun mit Jugendlichen, die sich in sich selbst zurückziehen? Genau hinschauen, dem jungen Menschen vertrauen, das ist Respekt: Selbst das schwierigste Verhalten ist sinnvoll als Hinweis auf Probleme des Kindes in seinem Leben und in seinen Beziehungen. Und reden, reden, reden – in einer persönlichen Sprache.

Aber natürlich brauchen auch Eltern Respekt, vor allem den der Gesellschaft. Liebe ist nicht Aufopferung – auch Eltern und Pädagogen benötigen Freiräume. Und sehr viel mehr an Unterstützung, als sie derzeit bekommen.

Wie wir Erwachsenen den Umgang mit Kindern auf die drei Säulen Respekt, Vertrauen und Liebe aufbauen können, darum geht es nicht nur in diesem Buch, sondern auch im familylab. Jesper Juul selbst hat familylab international im Jahr 2004 ins Leben gerufen mit der Absicht, ein Netzwerk zur Stärkung von Eltern zu schaffen. Zwei Jahre später habe ich in Deutschland familylab – die familienwerkstatt gegründet, weil mich die respektvolle Haltung sofort überzeugt hat. Ich leite diese Organisation seither, wir haben mittlerweile über 700 familylab-Trainerinnen und Familienberater weitergebildet, die Eltern, Lehrkräfte und Menschen in Unternehmen auf unterschiedlichsten Ebenen stärken. Um Jesper Juuls Art und

Weise, auf große wie kleine Menschen zu schauen, auch in Österreich, der Schweiz und vielen anderen Ländern sowie in verschiedenen Sprachen weiterzutragen, haben wir familylab mittlerweile in 22 Ländern weltweit etabliert und uns in dem Verein familylab association zusammengeschlossen.

Es war immer die Absicht von Jesper Juul, nicht sich selbst in den Vordergrund zu stellen, sondern seine Botschaft. Deshalb wollte er auch nie, dass Kindergärten, Schulen oder Institute nach ihm benannt werden. Es ist unser aller erklärtes Ziel, sein Wirken und seine bahnbrechenden, zeitlosen Gedanken zur Gleichwürdigkeit den Menschen nahezubringen und nicht verhallen zu lassen.

Dieses Buch ist Jesper Juuls Vermächtnis – ich wünsche Ihnen den besten Gewinn daraus.

Ihr Mathias Voelchert
Gründer und Leiter von familylab.de – die familienwerkstatt

1

Erziehen – eine Frage des Respekts

In meinen Seminaren und Gesprächen mit Müttern und Vätern höre ich immer häufiger, es sei das Wichtigste in der Kindererziehung, den Bedürfnissen der Kinder gerecht zu werden. Was aber bedeutet es, die Bedürfnisse oder Wünsche unserer Kinder – oder die Kinder überhaupt – ernst zu nehmen? Und was ist eigentlich der Unterschied zwischen Wünschen und Bedürfnissen? Heißt es, dass die Kinder alles haben sollten, was sie möchten? Stellen wir uns vor, dass ich das mit allen Menschen machen würde, die sich von mir beraten lassen. Wenn ich all diese Menschen auf diese Weise »ernst nehmen« würde – dann würde jedes Beratungsgespräch vierundzwanzig Stunden dauern.

Aber worum geht es dann? Schließlich wollen wir alle – Eltern, Lehrerinnen und Erzieher, Großeltern, Paten, wir alle, die unseren Kindern nahestehen – sie mit dem versorgen, was sie brauchen. Es gibt bei diesem Thema noch ein anderes ganz besonderes Wort, das sehr wichtig ist: *Respekt*. Dieser Begriff wird sehr unterschiedlich verstanden. Ich kann mich erinnern, dass ich, als ich meine erste Präsentation in Deutschland machen sollte, das Wort »Respekt« in einem alten Duden aus meiner Zeit an der Universität – der war von 1961 oder so – nachgeschlagen habe. Und da stand als Definition: »Gehorsam«. Das steht da heute nicht mehr. Und ohne viel darüber philosophieren zu wollen, möchte ich sagen, dass dieser Wandel natürlich wichtig ist. Es ist in unserer Geschichte des Umgangs mit Kindern ganz neu, dass so viele Erwachsene Kinder mit Respekt behandeln wollen. Daraus resultieren aber auch viel Unsicherheit und viele Experimente, was mehr als unsere Weltgeschichte darüber aussagt, wie neu diese Idee überhaupt ist.

Ein anderer Begriff, der irgendwie damit zusammenhängt, ist »Macht«. Wenn wir uns anschauen, was verschiedene Menschen mit Erziehung meinen, dann gibt es da diese sehr alte – eigentlich altmodische – Polarisierung. Wir haben auf der einen Seite den autoritären und auf der anderen Seite den antiautoritären (auch Laisser-faire-Erziehungsstil genannten) Ansatz. Und solange wir uns innerhalb dieser zwei Polaritäten über Erziehung unterhalten, kommen wir nicht vorwärts. *Weil es auf diesem ganzen Kontinuum nichts gibt, das funktioniert!* Es gibt sehr viel Forschung, die genau das zeigt.

Wir brauchen einfach einen ganz neuen Weg, die beiden alten funktionieren nicht. Wahrscheinlich gab es dieses Laisser-faire nie wirklich, wo die Kinder nur machen, was sie wollen; und es gibt wohl kaum noch diese wirklich altmodische, streng hierarchische und autoritäre Familienstruktur. Das heißt, die gibt es vielleicht noch, aber da sprechen wir wirklich über Extremfälle. Doch was haben wir jetzt eigentlich? Was kann man machen, was sollte man machen?

Ich möchte hier zuerst einmal sehr deutlich feststellen: Ich konnte und wollte nie ein Buch über Kindererziehung schreiben, das Eltern vorschreibt, was der richtige Weg ist. Und zwar aus dem einfachen Grund, dass ich davon keine Ahnung habe. Ich habe keine Ahnung, wie man das macht. Das war nie mein Beruf, und da lag nie mein Interesse. Ich kann feststellen, dass es in jeder Stadt ungefähr zwei- bis viertausend verschiedene Arten und Weisen gibt, Kinder zu erziehen, und die scheinen alle mehr oder weniger erfolgreich zu sein. *Es gibt keinen richtigen Weg, und es gibt keinen falschen Weg.* Mein Beruf war es immer, zu versuchen, den Erwachsenen – den Eltern, Lehrern, Erzieherinnen, Kinderpsychologinnen und so weiter – zu helfen, wenn sie mit ihrer Beziehung zu verschiedenen Kindern nicht zufrieden waren.

Was macht man also, wenn man zum Beispiel als Mutter oder Vater nicht zufrieden ist, wenn das Miteinander nicht funktioniert? Eine sehr häufig vorkommende Frage lautet: »Wenn mein Zweijähriger seine Zähne nicht geputzt haben will, soll ich ihn dann zwingen, oder ist das falsch?« Und das ist eine gute Frage, weil sie zeigt, dass darüber nachgedacht wird, was richtig und was falsch ist. Ist Zwang eine Verletzung der persönlichen Integrität meines Kindes? Und was ist meine

Verantwortung gegenüber seinen Zähnen? Die Kinder müssen ja acht, neun Jahre alt sein, um das Zähneputzen selbst technisch richtig machen zu können. Wie gehe ich also damit um? Die Frage ist auch deshalb interessant, weil sie zeigt, dass auch junge, gebildete Eltern nur in diesen zwei Möglichkeiten denken. Entweder bestimmt das Kind und macht, was es will, – oder ich bestimme. Es gibt also immer diese Polarisierung, dieses richtig oder falsch, eins oder zwei – aber leider ist das nicht so einfach. Und dann kommt natürlich auch noch dieser Traum von Harmonie ins Spiel, der geht ungefähr so: Jeden Tag, wenn ich meinem Kind sage: »Jetzt putzen wir die Zähne!«, wirft es mir eine Kusshand zu und sagt: »Mama, ich liebe das! Können wir das sofort machen? Und bitte zweimal!«

Erziehung erzieht nicht

Das Allermeiste, was wir normalerweise unter Erziehung verstehen, erzieht nicht. Es macht auf die Kinder keinen Eindruck – und wenn es doch einen Eindruck macht, dann oft einen schlechten. Aber was tun wir? Wir machen einfach weiter und »erziehen«. Ich treffe oft Eltern mit zwei Kindern, die sich schon mit einem Kind überfordert gefühlt haben, und jetzt mit dem zweiten ist es furchtbar, weil es so viel Arbeit ist, diese Kinder zu erziehen! Aber vielleicht haben diese Eltern da irgendetwas falsch verstanden? Oder sie sollten ihre Kinder vielleicht einfach wieder verkaufen? Ich möchte es hier ganz klar sagen: Erziehung ist nicht nur anstrengend – sie funktioniert auch nicht!

Aber wie können wir dann unsere Kinder überhaupt erziehen? Alles, was wir als Erwachsene machen, erzieht: Wie reden wir miteinander, mit unseren Kindern, mit unserem Nachbarn, mit der Bäckerin, mit den eigenen Eltern? Wie gehen wir mit anderen Menschen um? Welche Interessen haben wir – Musik, Religion, Kunst, Gartenarbeit, Autos, Motorräder? All diese Dinge erziehen – nur »Erziehung« tut es nicht. Das bedeutet, dass Sie in dieser Beziehung ruhig aufgeben können, und dann haben Sie sehr viel Freizeit übrig.

Eine neue Form von Beziehung braucht eine neue Sprache

Beziehung funktioniert auch sehr viel über Sprache, und das ist natürlich kulturell bedingt. Die Idee, dass es eine »gleichwürdige« Beziehung zwischen Vätern und Müttern beziehungsweise zwischen Männern und Frauen geben sollte, ist ganz neu, sie ist ja kaum geboren. Die meisten Länder südlich von München finden, dass wir verrückt sein müssen, um überhaupt an so etwas glauben zu können. Und dann haben wir ja noch diese Vorstellung, dass wir auch in irgendeiner »gleichwürdigen«, respektvollen Art und Weise – also nicht gewaltsam – mit unseren Kindern umgehen wollen. Auch diese Vorstellung ist nagelneu, und das bedeutet, dass wir noch keine Sprache für diese neuen Beziehungen haben. Wir haben nur eine Sprache für die alten Beziehungen. Ich habe viel von meinem Enkel gelernt. Der ist genauso wie mein Sohn, und mein Sohn ist genauso wie ich, ich kriege jetzt also alles zum zweiten Mal um die Ohren. Mein Enkel lässt sich nicht kommandieren. Alle Kinder sind so, sie lassen sich ungern kommandieren. Aber unsere Sprache ist eine Kommandosprache: »Jetzt essen wir!«, »Jetzt ist Schlafenszeit!« Das sind Befehle. Und Befehle kommen beim Befehlsempfänger oft respektlos an. Wenn man meinem Enkel so etwas sagt, antwortet er: »Ich habe keinen Hunger« oder »Ich bin nicht müde«. Und dann stehen wir da – im Zentrum des Vulkans – und fragen uns: »Was zum Teufel mache ich jetzt?«, denn dann kommt Politik dazu. Kann ich das bestimmen, oder soll er das bestimmen?

Und schon geht es um Macht und wie wir sie verteilen. Ist das gut für Kinder? Da kommen dann die autoritären Erwachsenen und sagen: »Überhaupt nicht! Wie sollen Kinder sich sicher fühlen, wenn es keine Autorität gibt, die sagt, wo es lang geht?« Und die anderen sagen: »Man kann ja ein Kind kaum zum Essen oder zum Schlafen zwingen.« Was machen wir da also? Die Eltern meines Enkels wissen, was man machen kann, weil sie beide ziemlich gelungene Eltern hatten – ich selbst war die ersten drei Jahre als Vater nicht so gelungen, aber mein Sohn hat eine gute Mutter gehabt. Die beiden haben also blitzschnell gelernt, wie man das macht – man sagt zu seinem Sohn: »Du, das Essen ist jetzt fertig. Wenn du Hunger hast, bist du herzlich willkommen.« Und wie jeder dreijährige Junge sagt er natürlich: »Ich habe keinen Hunger.« Weil er immer mit irgendetwas anderem beschäftigt ist und kein Mensch auf der Welt dann im Dialog mit seinem Magen ist. Und dann sagen die Eltern: »Okay.« Und es dauert zwei bis höchstens zehn Minuten, dann sitzt er da und verschlingt das Essen wie ein Wolf.

Es ist genau dasselbe mit der Schlafenszeit. Seine Mutter oder sein Vater sagen ihm: »Du, ich kann dich jetzt innerhalb der nächsten halben Stunde ins Bett bringen, sag Bescheid, wenn du müde bist.« »Ich bin nicht müde«, sagt er dann. Aber ich weiß, dass er innerhalb der nächsten zwanzig Minuten kommt. Dann ist er sehr höflich und sagt: »Mama, kannst du so lieb sein und mich ins Bett bringen?« Und das ist ja ein Traum!

Es gibt so viele Eltern, die enorme Schwierigkeiten mit diesem Zubettbringen haben. Das ist ein Riesentheater, und es dauert, und man muss sich mit dem Kind hinlegen und die Augen schließen und versuchen, das irgendwie hinzukriegen. Heißt das, wenn man das von außen sieht, dass mein Enkel jetzt die Macht in dieser Familie übernommen hat? Nein, das heißt es nicht. Die Eltern haben die volle Macht. Die haben nur ernst genommen, was für ein Mensch er ist. *Sie respektieren ihn.* Er ist eben ein Mensch – man kann ihm nicht einen Befehl geben und erwarten, dass er »Jawohl!« sagt. Das haben wir früher immer von Kindern erwartet, der Lieblingsausdruck meiner Eltern war: »Jetzt machst du, was ich sage. Und zwar *jetzt!*« Man musste nicht nur gehorsam sein, es musste auch *jetzt* sein. Dann war man gut erzogen.

Nein sagen dürfen, um ja sagen zu können

Jetzt mache ich einen Sprung zu den Erwachsenen. Ich habe fast vierzig Jahre als Psychotherapeut mit erwachsenen Menschen gearbeitet. Achtzig Prozent davon waren Frauen, und die haben alle mehr oder weniger genau dieselben Schwierigkeiten gehabt, auch wenn sie ganz Unterschiedliches erlebt haben: Sie konnten ihre eigenen Grenzen nicht wahrnehmen, nicht ernst nehmen und nicht kommunizieren. Sie konnten nicht ja sagen, und sie konnten nicht nein sagen. Und das bringt viel Ärger. Die ersten dreißig Jahre etwa funktioniert das Leben damit sehr gut, und dann wird es wirklich die Hölle. Ich bin ja als so ein Mensch sehr beliebt, denn es ist für die anderen sehr einfach, mit mir umzugehen – ich sage immer ja. Für Arbeitgeber ist es das gefundene Fressen, so jemanden zu haben. Für Partner oder Partnerinnen – wunderbar! Und Kinder lieben es auch, so eine Art rund um die Uhr geöffneten Selbstbedienungsladen als Mutter zu haben, wo die Tür nie geschlossen ist, wo immer etwas da ist. Aber das macht die betroffenen Menschen krank und zwar ernsthaft krank!

Wenn wir uns als Eltern darüber unterhalten, dann können wir uns natürlich entscheiden, was für ein Ziel wir haben. Wir können uns fragen: Was wollen wir eigentlich? Wollen wir einen guten katholischen Menschen erziehen? Wollen wir einen guten gehorsamen Menschen erziehen? Wollen wir einen guten philosophischen Menschen erziehen? Wollen wir einen freien Menschen erziehen? Ich glaube, dass man heute als Eltern darüber nachdenken muss. Ich glaube, es ist wichtig, über die eigenen Werte nachzudenken, immer wieder. Für meine Eltern war das überhaupt nicht notwendig. Als ich geboren wurde, wussten alle, wie man Kinder erziehen musste. Meine Eltern konnten, wenn sie nicht weiterwussten, ihre Geschwister fragen, die Nachbarinnen, die Lehrerinnen – und alle hatten genau dieselbe Meinung. Es gab kollektive Unterstützung von außen. In Hinsicht auf Gefühle war es zwar genauso schwierig wie heute, aber in Bezug auf die Wertvorstellungen, die Rahmenbedingungen, die Grenzen und so weiter war es einfach, weil alle genau dieselbe Meinung hatten.

Für meine Generation war es genauso einfach. Wir haben geglaubt, wir machen einfach nur das absolute Gegenteil von dem, was unsere eigenen Eltern gemacht haben, und dann ist alles wunderbar. Aber das hat auch nicht gepasst. Das heißt, die heutigen Eltern sind wirklich die Pionierinnen und Pioniere, es gibt nicht mehr diesen Konsens, es gibt nichts von Expertinnen oder von irgendjemand anderem, das uns sagt: »Das hier ist richtig!« Die Einzige, die das zumindest bis vorgestern gesagt hat, war die katholische Kirche, und die hat ihre moralische Integrität verloren. Wir wissen also nicht, was wir machen sollen. Und aus diesem Grund kommt immer diese Frage von Eltern: »Soll oder kann ich meinen zweijährigen Sohn zum Zähneputzen zwingen oder nicht?« Die Antwort darauf ist leider etwas komplexer, und sie hat mit Sprache und auch mit Erwartungen zu tun.

Ich habe Anfang der neunziger Jahre *Dein kompetentes Kind* geschrieben, weil wir, meine Kolleginnen und Kollegen vom Kempler-Institut, über einen langen Zeitraum ganz langsam gemerkt haben, dass die alte Entwicklungspsychologie ein paar Fehler gemacht hat – um es diplomatisch auszudrücken. Die ganze Forschung stimmte überhaupt nicht. Warum? Ursprünglich galt die Entwicklungspsychologie als Kinderpsychologie, ein bisschen als Pille-Palle, weil sie sich vor allem mit der Entwicklung bis hin zum Erwachsenen hin beschäftigte. Und wer zählte, war der Erwachsene. Ich erinnere nur an den Glauben – der bis vor nicht allzu langer Zeit die vorherrschende Ansicht der Medizin war –, dass kleine Kinder bei einer Operation keine richtige Schmerzbehandlung benötigen. Heute weiß man, dass auch kleine Menschen Schmerzen spüren. Das Beispiel zeigt auch, dass kleine Menschen, noch in meiner Generation, nicht als »richtige« Menschen angesehen wurden.

Zudem war die Idee »wehret den Anfängen« verbreitet. Man müsse schon den Kleinsten demonstrieren, wer hier das Sagen hat, nämlich die Erwachsenen. Diese Haltung sah in Kindern Gegner, Tyrannen. Menschen mit dieser Haltung befürchteten: Sonst tanzen die mir auf der Nase herum.

Ich habe eine ganz andere Erfahrung gemacht! Kinder kooperieren, Kinder wollen mitmachen. Kinder sind überhaupt nicht an Macht interessiert. Kinder wollen/brauchen Kontakt, Respekt, Vertrauen, Liebe! Ich bin davon überzeugt, dass die Entwicklungsforscher, die diese Bücher geschrieben haben, nie Kinder zusammen mit ihren Eltern erlebt hatten. Und mit so einer Ausgangsperspektive entdeckt man natürlich keine Beziehungen.

Nach dem Erscheinen von *Dein kompetentes Kind* bin ich

sehr bald zu Vorträgen eingeladen worden, und ich habe dann eines meiner großen Vorbilder getroffen – damals habe ich allerdings noch gar nicht von ihm gewusst –, nämlich Daniel Stern.

Er ist einer der erfolgreichsten Grundlagenforscher – der Mann, der mit seiner Gruppe die Entwicklungspsychologie auf den Kopf gestellt hat. Daniel Stern, Peter Fonagy und andere arbeiteten zum Thema Subjekt-Subjekt-Beziehungen; sie knüpften an John Bowlbys frühe Bindungsforschung an, die heute einen wesentlichen Einfluss auf unseren Blick auf Säuglinge, Kleinkinder, Kinder und Jugendliche hat.

Daniel Stern und sein Team haben damals einfach rund um die Uhr die frühe Beziehung zwischen Kindern und Eltern gefilmt und auf diese Weise sehr viel über dieses Thema gelernt. Es war für mich und unser Team eine große Freude, Daniel Stern zu treffen, weil wir immer gedacht hatten, wir lägen irgendwie falsch. Alle unsere Erfahrungen, wenn wir dieses Zusammenspiel und diese Beziehungen zwischen Erwachsenen und Kindern sahen, schienen nicht zu stimmen. Nichts davon stimmte mit dem überein, was ich als Lehrer und als Vater über Entwicklungspsychologie und so weiter gelernt hatte. Deshalb war es wunderbar, dass jetzt auch Forscherinnen kamen und sagten: »Es stimmt wirklich nicht.« Und heute kommen die Hirnforscherinnen und bestätigen das alles. Das ist wunderbar, weil wir jetzt in Ruhe darüber sprechen und gemeinsam herausfinden können, was wir eigentlich im Alltag wollen.

Wir haben also überlegt: Was ist hier wichtig, was wollen

Kinder eigentlich? Und dann haben wir erfahren, dass Kinder unbedingt vierundzwanzig Stunden am Tag kooperieren wollen. In Bezug auf Beziehungen wollen Kinder von Geburt an nur eines: *Sie wollen ihre Eltern gern froh und zufrieden machen.* Das ist es. Kinder bringen sich selbst ums Leben, um das möglich zu machen. Ich spreche mit vielen Jugendlichen, die über Selbstmord nachdenken. Und wenn sie erzählen, worüber sie eigentlich so jeden Tag nachdenken, und ich sie frage: »Hast du mit deinen Eltern darüber geredet?«, dann antworten sie ganz erschrocken: »Nein, nein, nein, das geht nicht! Dann kann meine Mutter nicht schlafen, dann wird mein Vater depressiv, dann werden die böse auf mich ...« und so weiter. Dann bringen sie sich lieber um – das machen sie für ihre Eltern!

Empathische Begleitung von klein auf

Kinder zwischen null und vier Jahren brauchen überhaupt keine Erziehung – stattdessen brauchen sie freundliche und empathische Begleitung. Empathie heißt in diesem Zusammenhang einfach: Ich kann mir vorstellen, wie sich ein anderer Mensch fühlt. Ich schaue hinter die Fassade seines Tuns. Hier möchte ich noch einmal zurückkommen zu dem Ziel, das wir vielleicht vor Augen haben, zu der Frage, was wir eigentlich wollen. Habe ich ein bestimmtes Bild von meinem Kind? Sodass ich sage: »So muss sich mein Kind benehmen, und so muss es aussehen, wenn es vierzehn Jahre alt ist.« Oder will ich mein Kind langsam kennenlernen, um zu sehen, *was das eigentlich für ein Kind ist*? Was habe ich hier eigentlich für ein »Ding« bekommen?

Ich habe mal mit einer Hebamme gesprochen, die einen wunderschönen Trick hat. Immer, wenn eine Frau schwanger geworden ist und die Hebamme zum ersten Besuch da gewesen ist, fährt sie nochmal bei den werdenden Eltern vorbei und schiebt einen Brief unter der Tür durch. Darin steht: »Ich habe noch keinen Namen. In neun Monaten komme ich, und ich bleibe ungefähr zwanzig Jahre. Und ich spreche kein Deutsch.« Ich glaube, das ist eine wunderbare Vorbereitung für diese Haltung und diese Reflexion: »Aha! Hier kommt wirklich ein neuer Mensch. Wollen wir das, oder haben wir ein Projektkind? Haben wir uns jetzt schon entschieden? Haben wir vielleicht Träume, die sagen: Ja, wenn ich eine Tochter bekomme, muss sie aber unbedingt so und so sein – oder unbedingt *nicht* so und so?« Das wäre dann ein Projektkind.

Viele Eltern sagen auch: »Es ist schwierig. Eigentlich weiß ich, was meine Meinung ist. Und mein Mann denkt im Prinzip dasselbe. Aber die Nachbarinnen, die Schule, meine Schwiegermutter und alle möglichen anderen Leute sind anderer Meinung. Und jetzt weiß ich nicht, was ich tun soll.« Wenn ich dann sage: »Ich glaube, Sie sollten Ihre Kinder genauso, wie Sie möchten, erziehen«, kommt oft die Antwort: »Ja, aber was sagt dann die Schule, und was sagen x, y, z?« Ich habe ein Heilmittel gegen dieses Leiden erfunden, ich sage diesen Eltern: »Gehen Sie nach Hause und schreiben Sie einen Brief an Ihren Sohn. Den können Sie einem Anwalt geben und ihm sagen, dass Ihr

Sohn den Brief lesen darf, wenn er fünfundzwanzig Jahre alt ist. Und in dem Brief schreiben Sie: ›Lieber Sohn, heute bist du drei Jahre alt, und ich war drei Jahre lang sehr unsicher, aber heute habe ich endlich eine Entscheidung getroffen: Ich überlasse die ganze Verantwortung für deine Erziehung meiner Schwiegermutter. Oder der Schule. Es tut mir leid, aber ich sehe keine andere Möglichkeit. Deine liebe Mutter.‹« Diese Übung macht die meisten Eltern ein bisschen nüchtern, und dann sagen sie: »Ja, so war es ja nun auch nicht gemeint. Natürlich wollen wir selbst die Verantwortung tragen.«

Diese Entscheidung ist wichtig, denn das brauchen Kinder – sie brauchen Eltern, die mehr oder weniger wissen, was sie wollen. *Was* die Eltern dann im Einzelfall wollen, ist nicht so wichtig. Wichtig ist, *dass* sie wissen: Irgendetwas will ich. Irgendetwas ist mir wichtig. Und dann ist natürlich auch wichtig, dass man ein Auge oder ein Ohr für genau dieses Kind hat. Und das eigene Wollen auf genau dieses Kind abstimmt.

Das eigene Kind kennenlernen

Ich habe mal einen wunderschönen Brief bekommen, von einer Mutter, die ungeplant schwanger geworden und dann alleinerziehend war. Und sie hatte sich viel Gedanken gemacht, sie war so ein Akademikertyp. Sie hatte also viel studiert und recherchiert, was es so auf dem Erziehungsmarkt gibt. Dann hatte sie eine Art von Erziehung gefunden, die passte, die nennt sich Attachment Parenting. Dieses Konzept bedeutet unter anderem, dass man sein Kind so lange wie möglich auf dem Arm und im Tragetuch trägt, sodass man es immer nah am Körper hat. Und diese Mutter hat eine ganze Seite darüber geschrieben, wie wunderschön das ist und wie wunderschön sie diese Philosophie findet. Und dann hat sie geschrieben: »Aber jetzt kommt mein Problem: Meine Tochter ist jetzt zwei Jahre alt, und seit dem Alter von neun Monaten will sie keinen Körperkontakt. Und wenn ich zum Beispiel dieses Tragetuch um sie wickle, schreit sie und kratzt mich immer, und es dauert Stunden, sie zu beruhigen.« Ich hatte an dem Tag kaum Zeit, um ihren langen Brief zu beantworten. Also habe ich ganz schnell geantwortet und gesagt: »Sie hören sich an wie viele Eltern, die ich kenne. Die haben eine Philosophie gewählt, *bevor* sie ihr Kind getroffen und kennengelernt haben. Das ist nicht sehr hilfreich. Man sollte sein Kind *erstmal* kennenlernen, *und dann* kann man seine Philosophie wählen.« Die Frau hat unmittelbar zurückgeschrieben und gesagt: »Sie haben recht, und ich habe es meiner Tochter gleich gesagt und mich entschuldigt und gesagt: ›Tut mir leid, ich habe wirklich geglaubt, das wäre das Beste für dich – ein ganzes Jahr lang hast du mir jeden Tag gesagt, dass das nicht das Beste für dich ist, und ich habe nicht auf dich hören wollen. Es tut mir leid, jetzt bist du frei.‹« Und zum ersten Mal seit einem Jahr hat dieses kleine Mädchen freiwillig Körperkontakt aufgenommen und gesagt: »Danke, Mama.«

Es dauert manchmal, bis wir begreifen, wen wir da eigentlich vor uns haben. Wir wissen allgemeine Dinge über Kinder, aber wir kennen das Temperament unseres Kindes und seine langsam heranwachsende Persönlichkeit und all diese Dinge anfangs noch nicht. Hinzu kommt noch unser eigener Einfluss, und der mischt auch mit – also dieser Einfluss, von dem wir entweder hoffen, dass wir ihn haben, oder den wir überhaupt nicht haben wollen. Da ist es eine Form von Respekt zu sagen: »Okay, hier gibt es diesen Menschen, der aber auch eine gewisse Autonomie hat. Auch wenn er noch so klein und hilflos ist.«

Respekt vor Autonomie und Macht vertragen sich nicht

Das Wort »Autonomie« und alles, was es für unser Kind bedeutet, ist natürlich nicht so praktisch, wenn man gern Macht haben möchte. Will ich also die Autonomie meines Kindes anerkennen, oder will ich sie bekämpfen? Eine ganze Generation von Eltern – die Generation meiner Eltern – hat genau das von den Fachleuten gelernt: »Innerhalb der ersten vierzehn Tage wollen Kinder eine gewisse Autonomie demonstrieren – das muss man unbedingt ab dem ersten Tag bekämpfen. Sonst übernehmen die Kinder die Macht.« Genau das Gleiche haben die Kinderärztinnen, die Psychologen und so weiter gesagt – und es ist jetzt nicht viel mehr als sechzig Jahre her, dass diese Individualität von Kindern als gefährlich gesehen wurde.

Natürlich *ist* Individualität in einer Machthierarchie tatsächlich immer sehr gefährlich. Wir müssen uns also entscheiden, und jetzt kommen wir zurück zum Zähneputzen. Sagen wir mal, ich weiß jetzt, dass es für die meisten Kinder unangenehm ist, sich die Zähne putzen zu lassen. Ich kann es so vorsichtig wie möglich machen, aber es ist trotzdem unangenehm. Falls ich das nicht glaube, kann ich es selbst ausprobieren, ich kann meinen Mann oder meine Frau bitten, mir die Zähne zu putzen – dann weiß ich genau, wie unangenehm das ist. Ich kann auch im Hinterkopf haben, dass das Kind mich sehr gern zufrieden und froh machen will. Wir haben gelernt, dass Kinder unbedingt kooperieren wollen. Was mache ich also? Und jetzt kommt ein ganz neues Wort im Kontext Erziehung und eigentlich auch in Bezug auf das Zusammenleben von Erwachsenen ins Spiel – und das heißt *Dialog*. Das heißt, wenn wir in diese Situation kommen, sage ich zu meinem Kind: »Oh, jetzt haben wir ein Problem. Du möchtest heute deine Zähne nicht geputzt haben, und ich glaube, dass es für dich oder zumindest für deine Zähne sehr, sehr wichtig ist. Jetzt weiß ich wirklich nicht, was wir machen sollen. Was denkst du, willst du lieber ein bisschen warten, oder geht es heute überhaupt nicht?« Stellen wir uns vor, dass das Kind sagt: »Es geht heute überhaupt nicht.« Dann sagen wir: »Okay« und dann nichts mehr. Das ist schwierig für uns, weil erziehende Erwachsene ja jahrzehntelang nur eine Art von Antwort für so etwas gehabt haben: »Ja, das geht aber nur einmal!« oder »Wenn ich das heute zulasse, dann passiert das morgen und übermorgen wieder!« oder »Weißt du, was Zahnärzte kosten? Das geht nicht, Junge, das kann ich dir sagen!«

Da steht ja dieser alte Spruch dahinter: »Gib deinem Kind den kleinen Finger, und es nimmt die ganze Hand.« Aber das bedeutet Misstrauen gegenüber Kindern. Und darüber sollte man sich als Eltern bewusst werden: *Will ich meinem Kind vertrauen oder nicht?* Das ist sehr entscheidend. Denn wenn ich meine Erziehung auf Misstrauen aufbaue, muss ich notwendigerweise sehr viel Macht ausüben – und auch Macht missbrauchen. Sonst funktioniert es nicht.

Gespräch mit Jesper Juul zum Thema persönliche Verantwortung

Ralf (22): Es geht mir darum, dass ich als Kind die Verantwortung übernehmen musste, die meine Eltern hätten tragen müssen. Und ich bin jetzt an dem Punkt, wo ich mit viel Arbeit und Zeit für mich selbst Verantwortung übernehmen kann und viel begriffen habe. Ich habe auch kapiert, dass ich nicht die Schuld daran trage, wie es lief, und dass es eigentlich nicht meine Verantwortung war. Ich möchte gern, dass meine Eltern jetzt Verantwortung dafür übernehmen. Aber ich frage mich, was ich machen soll, wenn sie nicht dazu bereit sind.

Jesper Juul: Ich glaube, wenn sie nicht dazu bereit sind, musst du warten, bis du ausziehen kannst. Weil es im Zusammensein mit solchen Eltern nur diese Überverantwortung gibt, bei der es den Kindern so geht, wie du es beschreibst. So leben leider viele Jugendliche und auch viele kleine Kinder. Es gibt da nur einen Weg zum Gleichgewicht, und der besteht darin, dass man für sich selbst Verantwortung übernimmt – was ja auch heißt: Ich muss jetzt nein sagen. Jetzt muss ich zu meinen Eltern nein sagen – auch, wenn die vielleicht krank sind oder was weiß ich. Ich muss ihnen sagen: »Es geht nicht mehr. Ich habe das so lange getragen – jetzt will ich nicht mehr.« Damit fängt es an.

Ich glaube nicht, dass es ein Weg ist, die Eltern zu überzeugen – denn ich glaube nicht, dass Eltern, die in so eine Beziehung mit ihrem Sohn geraten sind, sich so verhalten, weil sie faul oder wirklich unverantwortlich sind oder weil sie denken: »Ach, der ist so stark, der schafft das.« Die verhalten sich so, weil sie irgendwie hilflos sind. Und Kinder sind leider oder glücklicherweise so kooperativ, dass sie, wenn es innerhalb der Familie ein Vakuum gibt – wenn also irgendetwas nicht da ist, was da sein sollte –, da reingehen und versuchen, das zu gestalten und diese Aufgabe zu übernehmen. Und das ist wie ein Gefängnis – das weißt du ja selbst am besten. Man sitzt da, und man kann nach draußen gucken, aber man kommt nicht raus. Du wohnst noch zu Hause?

Ralf: Nur noch bis Februar.

Jesper Juul: Herzlichen Glückwunsch! Kannst du mir ganz kurz sagen, warum du so viel Verantwortung übernehmen musstest?

Ralf: Ich würde mal sagen, akute Überforderung meiner Eltern, vor allem mit und nach ihrer Scheidung. Und eher Karriere und andere Sachen im Sinn als …

Jesper Juul: Okay. Ja, dann ist es wirklich wichtig, deinen Eltern klar zu sagen: »So und so habe ich es erlebt, so und so war es für mich. Ich habe es mitgemacht, weil ich keine andere Möglichkeit hatte. Jetzt ist es vorbei. Jetzt mache ich das nicht mehr.«

Ralf: Da bin ich im Moment dabei, aber es ist halt nicht leicht, und ich frage mich einfach, was ist, wenn sie nicht bereit sind, mit mir zu kooperieren.

Jesper Juul: Das ist natürlich immer das Risiko. Und das kann passieren. Es kann passieren, dass einer von beiden sagt, oder beide sagen: »Das heißt, du liebst mich nicht mehr!« Und dann wird es zumindest für einen gewissen Zeitraum sehr schwierig, weil das ja Erpressung ist. Dann musst du irgendjemanden dabeihaben, einen Freund oder eine Freundin oder einen Onkel, der dir immer sagen kann: »Du darfst dich selbst nicht vergessen. Du musst dafür sorgen, dass es dir gutgeht.« Sodass du wirklich diese Unterstützung bekommst, die deine Eltern nicht geben können. Das ist sehr wichtig, weil sonst das Risiko besteht, dass du dein Leben lang nicht nur mit dieser Überverantwortlichkeit leben musst, sondern auch noch mit einem Haufen Schuldgefühle. Und das ist furchtbar, weil du überhaupt nicht schuldig bist! Deine Eltern waren nur nicht verantwortlich genug für sich selbst.

Das ist eine sehr schwierige Sache, denn diese Unverantwortlichkeit von Eltern landet immer als Schuld auf den Schultern der Kinder. Deshalb ist es so wichtig, dass sich Eltern nicht immer nur um die Kinder kümmern und um ihre Elternverantwortlichkeit und so fort, sondern auch um sich selbst. Dass sie auch sagen: »Was will ich? Was ist für mich wichtig?« Ich habe ein kleines Buch geschrieben, das sollte eigentlich heißen: »Die Kunst, mit einem guten Gewissen nein zu sagen«. Der deutsche Titel lautet: *Nein aus Liebe*, das hört sich an wie ein Dessert. Aber an dem Thema ist nichts Süßes, gerade innerhalb von Familien ist dieses Nein eine sehr ernste Sache, denn an einem gewissen Punkt muss ich als Kind nein zu meinen Eltern sagen – weil ich ja zu mir selbst sagen muss. Das ist sehr wichtig. Und du brauchst dabei so viel Unterstützung, wie du bekommen kannst, weil diese elterliche Erpressung so viel Macht hat. Man kann nach Tokio ziehen, und die wirkt noch immer – per Fernbedienung.

Gespräch mit Jesper Juul zum Thema Schuldgefühle

Mutter: Ich glaube, es passiert sehr schnell in Konflikten, dass sich am Ende die Kinder schuldig für das Verhalten der Eltern fühlen. Die Eltern wollen das vielleicht gar nicht, aber am Ende passiert es trotzdem. Was halten Sie für wichtig, um das zu vermeiden?

Jesper Juul: Das Beste, was man meiner Meinung nach als Eltern tun kann, um gut genug zu sein, ist einfach: Man muss die Verantwortung für die eigenen Fehler übernehmen, wenn man diese so nach und nach entdeckt. Das geht langsam, und Gott sei Dank entdecken wir nicht alle unsere Fehler, aber ab und zu schon ein paar. Das ist das Einzige, was diese Schuld wegnehmen kann – wenn die Eltern sagen: »So ist es, das haben wir gemacht.« Es war ja jahrhundertelang so – und diese Vorstellung sitzt in unseren Hirnen fest: Wenn meine Beziehung zu meinen Kindern gut läuft, ist es sozusagen mein Verdienst. Und wenn es nicht gut läuft, sind die Kinder schuld. Das sitzt sehr, sehr tief. Aber es muss noch nicht mal so direkt ablaufen. Es ist einfach so mit Kindern: Wenn irgendetwas nicht läuft, wenn es Disharmonie oder unklare Konflikte oder so gibt, fühlen die Kinder sich automatisch schuldig. Und wir sind ja nicht perfekt als Menschen, wir machen Fehler, und wir leben unser Leben eben, so gut wir es können.

Ich glaube, der einzige Trost ist eigentlich, dass das Leben viel länger ist als die Kindheit. Denn wir Menschen sind nicht einfach, wenn man uns liebt und mit uns zusammenleben muss – ich bin nicht einfach, und Sie sind es auch nicht. Es tut manchmal weh, und es fehlt vieles und so weiter. Und für unsere Kinder ist es genauso. Wir können nur hoffen, dass wir unseren Kindern mit zwölf, dreizehn Jahren so viel gegeben haben, dass sie selbst übernehmen und weitermachen können. Aber wir können es nicht »fertig machen«, wir können es nicht perfekt machen. Wir können unsere Kinder nicht glücklich machen – dafür müssen die selbst sorgen.

2

Vertrauen braucht Dialog

Kann ich also meinem Kind vertrauen? Meine Antwort darauf ist: »Ja, das können Sie ruhig.« Aber Eltern haben eine lange Geschichte mit Vertrauen – mit genau diesem Begriff. »Kann ich dir vertrauen? Nein, ich kann dir nicht vertrauen.« Dieses Spielchen fangen Eltern an, wenn die Kinder drei Jahre alt sind. Da etablieren die Eltern ihre Macht mit so einem kleinen Trick. Wenn das Kind kommt und fragt: »Kann ich eine Katze haben?«, sagen die Eltern: »Nein, nein, dafür bist du zu jung, das geht nicht, das ist eine große Verantwortung, die Katze muss man füttern und alles Mögliche.« Und dann sagen sie drei Monate später: »Okay. Aber dann bist *du* für die Katze verantwortlich! Also dafür, dreimal pro Woche das Katzenklo zu reinigen und so weiter.« Dann sagt das Kind ganz ernst und überzeugt: »Ja!« Und dann macht es das natürlich alles nicht, denn Kinder in diesem Alter haben ein Verständnis von Zukunft, das ungefähr sechs Stunden weit reicht. Aber das hier muss man ja jahrelang machen, bis das arme Biest stirbt. Und das ist für die Eltern gefundenes Fressen! Wenn die Kleinen dann nämlich später mit ihrem Wunsch nach einem Hund oder nach einem Pferd kommen, kann man sagen: »Nein, tut uns leid, du hast uns bewiesen, dass das nicht geht. Weil du dich nicht verantwortlich verhältst.«

Später bei den Jugendlichen geht das dann so weiter: »Wann kommst du heute Abend nach Hause?« »So um elf.« »Das ist zu spät, das geht nicht. Vielleicht neun, halb zehn. Aber elf Uhr – keine Chance!« »Aber ...« »Kein Aber, neun Uhr oder gar nicht!« Dann sagen die Kinder okay und planen, bis neun auszugehen, und kommen um elf nach Hause. Und dann sagen die Eltern natürlich: »Ja, dir kann man ja nicht vertrauen. Das haben wir heute erlebt.« Diese Verwendung des Begriffs »Vertrauen« ist ganz speziell, das heißt nämlich eigentlich: »Ich kann nicht darauf vertrauen, dass du genauso bist, wie ich glaube, dass du sein solltest!« Und das kann ich allen Eltern sagen: So können Sie keinem Kind vertrauen! Das geht nicht!

Aber es gibt eine andere Form von Vertrauen. Sie können – wenn Sie wollen – Ihrem Kind sagen: »Okay, jetzt vertraue ich dir. Wir – deine beiden Eltern, deine Großeltern, deine Geschwister, deine Erzieher, deine Lehrerinnen – haben dreizehn Jahre lang hart dafür gearbeitet, dir alles Mögliche Gute zu geben – jetzt vertrauen wir dir. Jetzt glauben wir, dass du hinaus in die Welt gehst und das Bestmögliche aus dem machst, was wir dir gegeben haben.« Das ist Vertrauen. Aber zu sagen: »Jetzt gehst du hinaus in die Welt und wirst eine Kopie von mir« – das geht nicht. Unglücklicherweise geht es manchmal doch – aber das kostet später!

»Hier geht es und dort geht es nicht«

Einen Dialog führen bedeutet auch, dass wir unserem Kind manchmal sagen: »Hier geht es nicht.« Eltern mit kleinen Kindern sagen immer: »Aber Kinder fordern so viel Aufmerksamkeit. Mein Gott, wirklich so viel!« Und eine meiner Lieblingsantworten ist immer: »Das ist richtig, die fordern *unendlich* viel Aufmerksamkeit. Glücklicherweise brauchen die aber überhaupt nicht so viel, wie sie fordern. Die schaffen es mit viel weniger.« Das ist für die meisten Eltern eine große Überraschung. »Stimmt das? Ich muss nicht immer dabei sein?« »Nein, man muss nicht immer dabei sein. Man muss den Kindern nur Bescheid sagen.«

Ich glaube, die meisten Eltern wissen, dass Kinder etwa im Alter von zwei, drei Jahren routinemäßig nein sagen, wenn man ihnen etwas sagt. Dieses Nein bedeutet nur: »Ich möchte euch gern nochmal mitteilen, dass ich autonom bin. Ich bin ich.« Ein italienisches Kind, das ich einmal getroffen habe, hat es seiner Mutter etwas schärfer gesagt: »Mutter, ich will dir etwas sagen. Ab heute bin ich der König in meinem eigenen Leben.« »Okay, was heißt das?«, fragt die Mutter. Und der Junge sagt: »Ich mache, was ich will, und wenn ich nicht weiß, was richtig ist, dann frage ich.« So etwas sagt man als Kind einer Mutter, die diesen Raum geben kann. Das würde man einer Königin nicht sagen, da wüsste man: »Uups, das geht nicht, wir haben schon eine Königin in der Familie, das genügt.«

Das heißt, diese Machtfrage kann jeder Erwachsene für sich selbst entscheiden. Was wir aber feststellen können, ist, dass dieses Machtkonzept bei neunundneunzig Prozent der Eltern nicht funktioniert. Wir nennen es ja »Grenzen setzen«. Wenn der Dreizehnjährige jetzt nicht um neun Uhr nach Hause kommt, sondern um elf, heißt es: »Da muss man Grenzen setzen! Also, einen Monat darfst du nicht mehr raus, und danach kommst du nicht um neun, sondern um *halb* neun nach Hause!« Das funktioniert bei circa einem Prozent der Eltern, die das so machen. Für die anderen funktioniert das überhaupt nicht – die glauben nur, dass man es so machen sollte, und dann machen sie es.

Gerade Jugendliche brauchen unser Vertrauen

Viele Eltern haben mit dem, was ihr jugendliches Kind zum Beispiel in der Schule macht, ein Problem. Für mich steht hier ein wichtiger Begriff im Fokus: Vertrauen. Ich meine damit ein Grundvertrauen in mein Kind als Mensch, also, dass es das Beste mit seinem Leben macht, das es schaffen kann. Jetzt sagen mir manche Eltern, dass sie nicht wissen, ob sie dieses Vertrauen haben, beziehungsweise, dass sie das schwierig finden, weil ihre Kinder so grenzgängerisch unterwegs sind, weil sie vielleicht von der Schule fliegen und so weiter. Aber da kann man als Eltern selbst etwas tun. Als Erstes könnte man nachdenken und sich fragen: »Was ist eigentlich meine Haltung gegenüber meinem Kind? War dieses Vertrauen da, und ist es wieder weg? Oder denke ich, dass meine Kinder mein Vertrauen *verdienen* müssen, indem sie alles so machen, wie ich mir das vorstelle?«

Diese Fragen sind wichtige philosophische Übungen, denn für eine fünfzehnjährige Tochter zum Beispiel kann es ganz klar sein: »Meine Mutter wird nur zufrieden sein, wenn ich es genauso mache, wie sie es will.« Und da muss man sich als Tochter ja fragen: »Will ich die nächsten drei Jahre meine ganze Energie und Power nutzen, um meine Mutter zufriedenzustellen? Oder will ich meinen eigenen Weg finden?« Und manche Kinder haben sich entschieden und sagen: »Ich finde meinen eigenen Weg.« Dann sitzen die beiden Eltern natürlich da und zittern ganz schön, aber das ist das Resultat ihrer eigenen Haltung.

Ich habe es an anderer Stelle schon gesagt, aber ich möchte es hier noch einmal wiederholen: Wenn es bei unseren jugendlichen Kindern gut läuft, dann brauchen sie eigentlich keine Eltern. Eltern brauchen sie, wenn es irgendwie schiefgeht. Und wenn es für eine Jugendliche zwei, drei Jahre lang ein bisschen schiefgeht, dann ist das ja nicht viel. Es gibt Jugendliche, bei denen es fünf, sechs oder auch zwanzig Jahre lang schiefgeht. Und dann braucht man auch als Jugendliche dieses Grundvertrauen – man muss wissen: »Meine Eltern habe ich irgendwie an meiner Seite oder hinter mir. Ich kann zurückkommen, ich kann meinen Eltern vertrauen.« Wenn aber zum Beispiel die Mutter eigentlich auf der Seite der Lehrerinnen steht, fragt man sich als Kind: »Was soll ich damit anfangen? Ich habe genug Lehrerinnen, aber ich habe nur eine Mutter. Und jetzt ist die mit den Lehrerinnen mehr verbunden als mit mir!« So erlebt man das mit fünfzehn Jahren.

Es ist für Jugendliche wichtig, dass klar ist, ob es bei den Eltern dieses Vertrauen gibt. Und man spürt es als Jugendliche sehr deutlich, ob die Eltern Vertrauen haben oder nicht. Das findet sozusagen zwischen den Zeilen statt. Das kommt nicht von so Statements, bei denen die Eltern sagen: »Du hast jetzt mein volles Vertrauen.« Man sieht das in den Augen, und man hört das an der Stimme.

Man muss auch sagen, dass die Jugendlichen teilweise unheimlich friedlich sind und nicht im Krieg mit ihren Eltern – trotz deren Verhalten. Sie verstecken sich, aber sie sind nicht im Krieg. Für mich ist es oft schwierig, den Eltern verständlich zu machen, worum es hier geht. Ich sage dann: »Hier ist etwas los. Ihr drei lebt seit vierzehn, fünfzehn Jahren zusammen, und ihr habt alle drei euer Bestes gegeben, die Eltern, die Tochter – nun sitzt ihr hier alle drei und merkt, dass es mit der Schule im Moment nicht sehr gut geht. Und jetzt kommt ihr Eltern und sagt: ›Du musst anders sein!‹« Was soll man da als Jugendliche sagen, wenn man erst dreizehn, vierzehn, fünfzehn Jahre alt ist? Man kann es ja nicht ausdrücken, man kann seinen Eltern nicht sagen: »Hört mal, also jetzt fangen wir mal ein bisschen anders an. Ich sitze hier, ich bin so und so eine Persönlichkeit, ich habe so und so ein Temperament, ich bin so und so reif oder unreif oder was weiß ich – dafür, liebe Eltern, sind wir alle verantwortlich. Und jetzt bin ich plötzlich ganz allein schuld, und ihr beide sitzt da wie die Heiligen und wisst genau, ›was man so machen muss‹ und ›was man so machen kann‹, und sagt, dass das alles ganz einfach sei, dass man sich nur zusammenreißen und machen müsse, was die Erwachsenen sagen?«

So schafft man es nicht, mit einer Fünfzehnjährigen zu reden – die schweigt dann. Wenn man die Hoffnung aufgegeben hat, dass jemand zuhört, beginnt man zu schweigen. Und dann kommen die Eltern natürlich und sagen: »Was machen wir mit unserer Tochter, die sagt nichts!« Und so geht das immer: »Was machen wir mit diesem ›Ding‹? Mit diesem Menschen?« Die Antwort lautet: »Nichts. Es ist zu spät.«

Ich hatte eine Familie in der Beratung, wo die Eltern meinten: »Wir haben alles probiert, und nichts hat geholfen, jetzt sitzen wir hier, und was können wir machen?« Da war es so, dass der Vater zwar versucht hat, verantwortlich für seine eigenen Überzeugungen zu sein, aber das hat nicht besonders gut geklappt. Er hatte sich dafür entschieden, seine Tochter morgens nicht mehr aus dem Bett zu holen, sodass sie allein aufstehen musste, und dann stand er doch jeden Morgen mindestens zweimal im Zimmer und hat gesagt: »Du musst jetzt aufstehen.« Das heißt, er hat sich jeden Morgen unverantwortlich verhalten und trotzdem erwartet, dass seine Tochter sich jeden Morgen verantwortlich verhält. Und die Mutter ist noch einen Schritt weitergegangen und hat gesagt: »Ich habe meiner Tochter versprochen, dass ich mich nicht mehr einmische, aber wenn die Lehrerinnen mich anrufen, dann muss ich ja etwas sagen.« Die Mutter hat also auch nicht verantwortlich gehandelt. In dieser Familie gab es bei allen Familienmitgliedern viel Unverantwortlichkeit.

Wenn man das Ganze aus Sicht der Gesellschaft oder moralisch betrachtet, dann haben die Eltern natürlich recht: Es ist vernünftig, Schule zu machen, eine Ausbildung zu machen und so weiter. Aber für die Tochter geht es um die Frage: »Ist es für *mich* möglich? Ich bin jetzt fünfzehn Jahre alt, und ich weiß nicht, was ich tun soll.« In dieser Familie hat das Schulproblem ja nicht in dem Moment begonnen, als die Lehrerinnen die Mutter zum ersten Mal angerufen und gesagt haben: »Hören Sie, es geht momentan schlecht« oder »Es geht immer schlechter«. Das hat zwei, drei Jahre vorher begonnen, und niemand hat es bemerkt.

Auf das Herz kommt es an

Es ist also meistens sehr komplex, und ich empfehle, dass man sich als Eltern sagt: »Ich gucke mir jetzt meine Tochter oder meinen Sohn an, und ich frage mein Herz: Vertraue ich diesem Menschen? Fühle ich mich mit diesem Menschen verbunden? Habe ich mein Bestes getan? Habe ich diesem Kind alles, was ich habe, gegeben? Dann sollte ich ihm und auch mir selbst vertrauen.« Die nächste Frage lautet dann: »Kann ich noch mehr tun?« Und da kann man natürlich zu seiner Tochter gehen und sagen: »Hör mal, irgendwie funktioniert es für dich nicht auf deinem Arbeitsplatz. Können wir irgendetwas für dich tun?« Aber so kommen die meisten Eltern nicht – die kommen und sagen: »Es funktioniert nicht!!! Du musst das und das und das machen!« Und das geht nicht! Wenn ich so etwas zu meiner Partnerin sagen würde, da wüssten alle: »Oh nein, das geht nicht!« Warum erwartet man dann, dass es bei einer Fünfzehnjährigen geht?

Man muss sich zur Verfügung stellen – nicht so als Bedienung im Stil von »Jetzt bist du die Königin unserer kleinen Familie, und du kannst alles entscheiden«, – sondern ganz ernsthaft: »Irgendetwas funktioniert nicht, die Lehrerinnen sind nicht zufrieden, wir sind nicht zufrieden, und du siehst auch nicht besonders glücklich aus. Und du sagst weniger und weniger. Was können wir machen?« Dann sagt jede Fünfzehnjährige: »Weiß ich nicht.« Und dann muss man als Elternteil sagen: »Okay, ich möchte es aber gern wissen. Also, wenn du es weißt, sag mir Bescheid.« Und eine oder zwei oder vier Wochen später kommt man darauf zurück, sodass die Jugendlichen erleben: »Es ist meinen Eltern wichtig. Ich kann wirklich Unterstützung für mich bekommen – und nicht nur diese ›elternvernünftigen‹ Aussagen, die jeder auswendig kann.« Da könnte das Kind genauso gut mit dem Radio reden, weil da auch immer nur dasselbe wiederholt wird.

Als Eltern einfach mal den Mund halten

Es gibt einen Punkt, an dem man als Eltern vielleicht sagen muss: »Okay, wir würden uns zwar etwas anderes wünschen, aber es ist dein Weg.« Wenn man nicht so genau weiß, wann dieser Punkt gekommen ist, muss man einfach auf die Signale seiner Kinder achten. Denn die Jugendlichen sagen eigentlich deutlich Bescheid: »Jetzt bin ich dran, es ist mein Leben. Und ihr könnt weggehen.« Ich habe einmal zusammen mit einer jungen türkischen Frau – sie war neunzehn – mit ein paar Journalisten über die Frage gesprochen: »Was heißt es, erwachsen zu werden?« Und sie hat gesagt: »Ich weiß genau, ab wann ich erwachsen war. Ich war fünfzehn Jahre und sieben Monate alt, und meine Eltern sind so weit über meine Grenzen gegangen, dass ich drei Tage lang nichts gesagt habe. Ich bin um den Tisch herumgegangen, um die Butter zu holen, und habe niemanden gefragt. Da haben meine Eltern verstanden: ›Jetzt ist es vorbei. Jetzt müssen wir einen anderen Stil, einen anderen Ton finden, sonst verlieren wir den Kontakt zu unserer Tochter.‹« Und alle Kinder sagen ihren Eltern irgendwie Bescheid.

Natürlich darf man sich als Eltern kümmern und sich Sorgen machen und alles Mögliche tun, um zum Beispiel die Schule möglich zu machen, aber man muss verstehen, dass die Jugendlichen selbst am Steuer sind. Das heißt, wir können Dinge anbieten, wir können Einladungen aussprechen oder sagen: »Ich möchte dir gern etwas sagen, ich möchte dir gern helfen. Willst du das?« Aber wir sollten die Jugendlichen nicht herumkommandieren. Denn das geht nur bis zu einem bestimmten Punkt, und dann sagen sie: »Schluss!«

Mein Sohn hat es damals sehr diplomatisch gesagt, und die meisten Kinder sagen das am Anfang sehr diplomatisch. Aber wenn niemand zuhört, dann steigern sie natürlich die Lautstärke. Mein Sohn war dreizehn, und er hatte eine Klassenarbeit und wollte eigentlich auch einen Film gucken, und meine Frau und ich sind plötzlich fünfzig Jahre zurückgefallen und haben wie im Chor gesungen: »Glaubst du nicht, dass es besser ist, wenn du heute früh ins Bett gehst?« Man muss dazu wissen, dass er seine eigene Schlafenszeit hatte, seit er fünf Jahre alt war, das war normalerweise kein Thema. Er hat uns dann sehr liebevoll angeguckt, mit ein bisschen Humor in den Augen, und gesagt: »Ich glaube, es ist jetzt Zeit, dass ihr beide den Mund haltet.« Und ich möchte gern sagen, dass ich in dem Moment dankbar für meine familientherapeutische Ausbildung war. Sonst wäre das wahrscheinlich schiefgegangen. Seitdem haben meine Frau und ich den Mund gehalten.

Wer ist verantwortlich für mein Vertrauen?

Es gibt eine andere wichtige Sache, die ich als Vater oder Mutter tun sollte, wenn ich merke, dass mir dieses Vertrauen fehlt: Ich muss zuerst wahrnehmen, dass mein Vertrauen oder mein Misstrauen bei mir ist – es ist *meins*. Also muss *ich* etwas damit machen. Ich kann nicht meiner Tochter erzählen: »*Du* musst irgendetwas mit meinem Vertrauen machen.« Das ist mein Thema. Ich persönlich glaube – aber ich stehe ja nicht für alle Eltern –, wenn man das realisiert und sich eingesteht: »Mein Gott, ich habe mein Vertrauen in meine Tochter verloren«, dann wird man traurig. Das ist ja ein Verlust. Es ist eigentlich eine kleine Katastrophe, wenn das passiert ist.

Aber dann kann ich zu meiner Tochter gehen und sagen: »Jetzt habe ich entdeckt, dass ich mein Vertrauen in dich verloren habe. Für mich ist das furchtbar. Und es tut mir leid, ich weiß, dass du mein Vertrauen mehr denn je brauchst. Ich habe es aber nicht. Jetzt musst du mir helfen. Ich muss mehr über dich wissen. Irgendwie muss ich dich kennenlernen, weil ich keine Ahnung habe. Ich habe nur meine Bilder im Kopf.« Und ganz nebenbei: Unsere Bilder von unseren jugendlichen Kindern sind ja immer so drei, vier Jahre alt. Oder sie stammen aus der Zukunft.

Man sollte also einfach einen anständigen Dialog mit seiner Tochter beginnen und sagen: »Das ist mir passiert, und dafür bin ich verantwortlich.« Das ist ja das Gleiche wie bei der partnerschaftlichen Liebe. Wenn ich sage: »Ich habe meine Liebe zu meiner Frau verloren«, und dann gehe ich zu meiner Frau und sage: »Damit musst *du* etwas machen. Also, du musst dich anders benehmen und so weiter, dann kann ich dich wieder lieben«, das geht nicht! Ich hoffe, das ist deutlich. Das ist also eine sehr ernste und sehr wichtige Sache. Und man sieht das den Jugendlichen auch oft an, dass das überhaupt nicht lustig ist. Manche gehen so weit, dass sie sich stylen, als wäre jemand gestorben. Und das ist ja irgendwie auch richtig – das Vertrauen ist gestorben.

Deshalb ist es so wichtig, festzustellen – und das gilt auch für kleinere Kinder –, dass diese Themen wie Schule, Drogen, Koma-Saufen und so weiter nicht wirklich der Kern sind. Die sind nicht so wichtig. Was im Herzen passiert oder nicht passiert, das ist wichtig. Und das ist entscheidend dafür, wie viel Alkohol oder was es sonst noch gibt an gefährlichen Dingen Einlass in das Leben der Kinder bekommt.

Gespräch mit Jesper Juul zum Thema Vertrauen

Mutter: Was hilft uns Eltern, die Kinder in der Pubertät loszulassen und das von Ihnen beschriebene Vertrauen zu entwickeln?

Jesper Juul: Also, grundsätzlich glaube ich nicht, dass Eltern loslassen können. Die Kinder müssen sich losmachen. Und wenn sie das tun, kann man sich als Eltern natürlich mehr oder weniger trotzig verhalten. Ich habe kürzlich zum ersten Mal eine Untersuchung gelesen, bei der die Eltern von Jugendlichen viel Positives gesagt haben, zum Beispiel: »Es war wunderbar für uns, weil wir plötzlich nach vierzehn, fünfzehn Jahren wieder Zeit füreinander und für uns selbst hatten.« Wenn man aber – wie viele

Eltern – diese Mission oder diese Vorstellung hat: »Ich muss da sein, denn meine Kinder schaffen es in ihrem Leben nicht ohne mich«, … ich weiß nicht, dann sollte man vielleicht mal vier Monate nach Südafrika gehen oder so. Denn das ist ja nicht wahr.

Losgelassen zu werden ist für eine Jugendliche genauso wichtig wie festgehalten zu werden für ein drei Monate altes Baby. Um das zu schaffen, muss man die Jugendlichen beobachten und auf ihre Signale achten. Ich glaube, die meisten Eltern lassen nur sehr unwillig los, und es braucht Zeit. Und das ist okay. Die Eltern können den Jugendlichen nicht ihre Freiheit schenken, sie können sie nicht erwachsen machen – das ist unmöglich, das müssen die Jugendlichen selbst übernehmen.

Mutter: Ist es vielleicht meine Aufgabe als Mutter, die Verantwortung für meine Angst, mein Kind loszulassen, zu übernehmen? Statt diese Angst meinem Sohn überzustülpen?

Jesper Juul: Ja, sehr gut. Genau das ist es – dass man einsieht: Das sind meine Gefühle, meine Ängste, und ich bin dafür verantwortlich. Genau wie für mein Vertrauen. Ich kann nicht von meinem Kind verlangen, dass es so leben soll, dass ich immer beruhigt bin. Das geht nicht.

Gespräch mit Jesper Juul zum Thema Entscheidungen begründen

Tom (17): Wie können Eltern ihre Entscheidungen sinnvoll begründen? Wenn ich zum Beispiel etwas möchte und meine Mutter oder mein Vater sagt: »Nein, ich möchte das nicht!« Und wenn ich nach dem Grund frage, bekomme ich nur zu hören: »Weil ich das so will, weil es einfach so ist.« Das ist für mich natürlich kein logischer Grund, damit kann ich nichts anfangen.

Jesper Juul: Ich bin nicht der Meinung, dass Eltern logisch, vernünftig und so weiter sein müssen. Ich glaube, es ist völlig okay, manchmal ja oder nein oder »ich will das einfach nicht« zu sagen, ohne das erklären zu können. Die Herausforderung für ein fast erwachsenes Kind besteht natürlich darin, zu sagen: »Okay, mir ist es aber so wichtig, dass ich es wahrscheinlich so oder so mache oder dass ich versuchen werde, einen anderen Weg zu finden. Aber könntest du mir bitte erklären, warum du nein sagst?« Und da kommt es jetzt auf die Haltung des jeweiligen Elternteils an. Wenn es mit diesem Elternteil schon immer so war, dann steckt dahinter ja nur die Haltung: »Also, ich habe hier die Macht, und die verwende ich, wie ich will, und das muss ich nicht notwendigerweise erklären.« Sehr oft hängt das entweder damit zusammen, dass es keinen richtigen Grund für die Entscheidung gibt, oder damit, dass das Elternteil weiß: »Mein Denken oder meine Begründung stehen ein bisschen auf wackligen Füßen, das heißt, wenn ich mit meinem Sohn wirklich eine Debatte anfange, werde ich verlieren. Und das will ich nicht.«

Wenn es so ist zwischen Elternteil und Kind, dann müssen die Jugendlichen selbst dafür sorgen, dass irgendetwas passiert. Und dann werden sie dies oder jenes einfach so tun oder kaufen, denn mit den Eltern darüber zu reden, ist ja nicht möglich. Es gibt aber auch Eltern, die sich an mich wenden und sagen: »Was soll ich bloß mit meinem Sohn machen? Er ist jetzt neun Jahre alt, und er kann bis in alle Ewigkeit argumentieren. Also, wenn er will, kann er das die ganze Nacht lang machen. Und ich halte das nicht mehr aus. Wann ist es genug?« Und dann muss ich sagen: »Wenn man über zwei Stunden über irgendetwas diskutiert, dann muss man sich irgendwann wiederholen, und das bringt auch nichts.«

Ich gehöre ja zu dieser Generation, die gesagt hat: Kinder sollten eine Erklärung bekommen. Weil wir es so leid waren mit diesen Befehlen und Verboten. Mittlerweile ist das aber auch ein bisschen schiefgegangen, weil viele Kinder so erklärungssüchtig geworden sind. Ich finde, das ist ein schwieriges Thema. Ich treffe so viele Jugendliche, die so viel kompetenter sind, als ich es mit siebzehn, achtzehn war. Vielleicht schaffst du es, zu deinem Vater zu gehen und zu sagen: »Hör mal, Papa, das geht so nicht. Ob du ja meinst oder nein meinst, wir müssen auf jeden Fall miteinander reden.«

3

Liebe und die Sprache des Herzens

Liebe kommt in unterschiedlichen Formen daher, so, wie es zwei verschiedene Arten von Wärme gibt. Es gibt die Schmelzwärme, die ist im Moment beliebt, das ist diese neoromantische Vorstellung von Liebe im Sinne von Verschmelzung und Selbstaufgabe, oft erlebt in der Zeit der Verliebtheit. Nach der Verliebtheit – wie wir wissen – ist das keine gute Voraussetzung für eine Beziehung auf Augenhöhe. Und dann gibt es die Reibungswärme, *und die ist genauso warm wie die erste.* Wenn man sein Kind also ab und zu anbrüllt – keine Angst! Wie oft brüllen Kinder andere Kinder oder ihre eigenen Eltern an? Etwa tausendmal am Tag. Kinder wissen: So sind Menschen. Nur Eltern sind so ein bisschen anders, sie wollen eher lieb sein mit ihren Kindern, in der Hoffnung, dass dann ihre Kinder auch lieb zu ihnen sind. Doch so läuft dieses Spiel nicht.

Aber die Kinder spüren auch, dass das nicht richtig ist, und dann gibt es ein Doppelspiel. Dann haben wir diese Kinder, die, wie wir es nennen, »Grenzen testen«. Dazu möchte ich ganz deutlich sagen: Es gibt kein Kind, das Grenzen testet! Wenn ein Kind »Grenzen testet«, muss man das übersetzen: Aha, das Kind sucht seine Eltern. Es möchte jetzt gern wissen, wer die Menschen hinter dieser Elternrolle sind. Haben sie irgendetwas? Sind sie zum Beispiel immer so vernünftig, so rational? Wissen sie immer, was richtig ist? Sind sie auch miteinander immer so nett? Nein, miteinander nicht, aber mit mir schon. Vor Jahren hat man in Norwegen einer Gruppe von Vierjährigen eine Reihe von Fragen gestellt, und eine dieser Fragen lautete: »Wie sieht man, ob Menschen verheiratet sind?« Und drei von den vierzig Kindern haben gesagt: »Wenn die unfreundlich miteinander sind, weiß man, dass sie miteinander verheiratet sind.« Und ein anderer hat gesagt: »Bei Partys reden die nicht miteinander.«

Wir müssen einfach zurück zum Thema Sprache, wir müssen uns fragen: »Wie kann ich das sagen, was in meinem Herzen ist?« Wir wissen ja durch die Hirnforschung, dass das Herz auch hier oben im Gehirn sitzt. Eine Kombination der beiden Teile ist also absolut möglich! Man muss nicht ausschließlich seinem Herzen folgen, sondern man kann dabei auch seine Intelligenz nutzen und das machen, was im Moment richtig ist. Da gibt es also ein paar Möglichkeiten.

Zu Hause lebt sich's besser ohne Pädagogik

Es sollte einen riesengroßen Unterschied geben zwischen der Pädagogik in Institutionen und der Erziehung zu Hause. Die beiden sind leider in den letzten Jahren immer ähnlicher geworden, und das ist für die armen Kinder furchtbar. Kinder können maximal sechs, sieben Stunden Pädagogik am Tag vertragen. Mehr geht nicht. Und wenn die Eltern dann zu Hause versuchen, weiterzumachen wie die Pädagoginnen in den Institutionen, dann geht es wirklich schief! Viele Eltern nehmen sich mittlerweile die Erzieherinnen als Vorbilder, das heißt: Zu Hause geht es erst wirklich los.

Das heißt nicht, dass die Pädagoginnen den Kindern schaden. Das heißt nur: Bei der Pädagogik gibt es zwei Qualitäten, die Kinder nur begrenzt genießen können. Erstens: Wie der Poet und Multimensch Goethe schon gesagt hat: »Man merkt die Absicht und ist verstimmt.« Es gibt immer ein Ziel, die Pädagogen wollen immer etwas von mir. Und das ist ja wunderbar, die wollen mich stimulieren, die wollen mich anregen, die wollen alles Mögliche. Aber die Botschaft hinter diesen Zielsetzungen lautet ja: »Wir sind im Moment nicht ganz mit dir zufrieden, so, wie du bist. Du musst dich erst entwickeln, und dann sind wir vielleicht einen Tag lang zufrieden.« Das mag in der Schule zumindest manchmal ein Ansporn sein, zu Hause schadet es.

Zweitens: Im Vergleich zu Eltern sind Pädagoginnen und Pädagogen ein bisschen kühler. Das heißt nicht, dass sie kalt sind oder dass sie die Kinder nicht mögen oder so etwas. Es ist nur einfach kühler als Liebe. Und Liebe – davon kann ein Kind niemals genug bekommen.

Liebevoll handeln

Ich habe schon oft gesagt und geschrieben, dass wir unsere liebevollen Gefühle in liebevolle Handlungen übersetzen müssen. Wie das geht, müssen wir mit- und voneinander lernen. Das ist für mich sehr simpel: Man muss einfach die Rückmeldungen von seinen Kindern wahrnehmen und ernst nehmen. Sie respektieren. Und wenn man zum Beispiel ständig irgendetwas zu seiner Tochter sagt und die sich mehr und mehr zurückzieht, dann fragt man sie: »Hör mal, ich bringe hier eigentlich ein Geschenk für dich, und du ziehst dich zurück. Was mache ich falsch?« Genau diese Frage ist sehr wichtig, denn es ist für Kinder und auch für Jugendliche – das überrascht wahrscheinlich die meisten – sehr schwierig, die eigenen Eltern zu kritisieren. Wenn man frustriert ist, kann man das als Jugendliche schon rauslassen, aber so ernsthaft zu sagen: »Hör mal, Papa, jetzt ist es Zeit, dass wir beide ein bisschen über deine Rolle sprechen …«, das ist nicht einfach.

Dieses Phänomen der Selbstbestimmung ist in unserem Familienleben ganz neu. Das war ja kein Thema, als ich Kind und Jugendlicher war. Unsere Eltern haben alles Mögliche getan, und wenn die Rückmeldung von den Kindern negativ war, dann haben sie gesagt: »Ich mache das, weil ich dich liebe. Das wirst du alles verstehen, wenn du selbst erwachsen bist.« Das war die Erklärung. Dann kamen die Frauen und haben gesagt: »Jetzt wollen wir aber nicht mehr so weitermachen wie die letzten dreihundert Jahre. Wir wollen jetzt auch als richtige Menschen behandelt werden. Wir wollen das und das und das.« Die Frauen haben angefangen, darüber zu reden, wie es eigentlich ist, mit einem Mann zusammenzuleben, und da kam dieser Wandel, dass auch die Kinder selbstbestimmter wurden.

Eine Paarbeziehung ist heute ganz anders als zu der Zeit, in der meine Eltern sich verliebt haben – hoffe ich zumindest. Und es kommt darauf an, wie man sich verhält. Das heißt, ich kann meine Frau lieben – und ich liebe meine Frau in genau diesem Moment –, aber das verschafft ja meiner Frau noch kein Vergnügen. Es verschafft erst einmal nur mir viel Vergnügen. Ich muss das übersetzen in liebevolles Handeln.

Und jetzt kommen wir zu der großen Lebenskunst: Wie kann ich meine Frau oder meinen Sohn oder meine Tochter so lieben, dass sie meine Liebe erleben *und* dass ich mich nicht selbst verliere? Ich bin ja kein Butler oder Kellner, ich kann nicht alle bedienen. Da sind wir bei diesem klassischen existenziellen Konflikt zwischen Integrität und Kooperation. Wie kann ich mich selbst und meine eigene Integrität bewahren und trotzdem meine Partnerin und meine Kinder auf eine Art und Weise lieben, dass sie das auch so erleben? Das ist schwierig.

Kinder lernen in der Familie, was Liebe ist

Kinder lernen in der Familie und von ihren Eltern, was Liebe ist, wie man andere Menschen lieben kann. Aus diesem Grund wiederholen wir ja auch – hoffentlich nur teilweise! – das Verhalten unserer eigenen Eltern, wenn wir erwachsen sind. Als Kinder glauben wir ja unseren Eltern. Wir glauben, dass die Art und Weise, wie unsere Eltern uns lieben, Liebe ist – auch, wenn wir uns nicht geliebt *fühlen*.

Zum Beispiel diese Helikopter-Eltern oder wie man sie nennen möchte, die ihre Kinder die ganze Zeit bedienen, die immer zur Verfügung stehen und die dabei so selbstzerstörerisch sind, die keine eigenen Bedürfnisse oder Grenzen haben – das alles machen diese Eltern ja aus Liebe. Ihre Kinder glauben das, und gleichzeitig sieht es in ihrem Inneren so aus: »Meine Eltern lieben mich – aber warum fühle ich mich so kalt?« Ja, warum werden diese Kinder nicht satt von der »Liebe«, die ihre Eltern geben können? Weil gesunde Kinder zu bedienen keine Liebe ist, es löst nur den Wunsch nach mehr Bedienung aus. Wenn sich Eltern als Servicepersonal andienen und so ständig über ihre eigenen Grenzen gehen, sind sie keine guten Beispiele für ihre Kinder.

Kinder wissen, was sie wollen, aber nicht, was sie brauchen. Was sie brauchen, entscheiden wir Erwachsenen. Tun wir das nicht, dann wollen die Kinder immer mehr, und dann kommt die Umgebung und sagt: »Diese Kinder sind ja verwöhnt!« Doch die armen Kinder sind ja nicht so schlau, die sagen sich: »Also, wenn meine Mutter mich immer bedient, das sieht so liebevoll aus, also muss das Liebe *sein*. Ich bin aber mehr und mehr frustriert, also ist meine Antwort: Ich muss mehr haben. Mehr und mehr und mehr.«

Das lernen unsere Kinder von uns, und wenn sie dann in die Pubertät kommen, dann sieht die ganze Welt plötzlich anders aus. Als Jugendliche kann man dann sagen: »Okay, ich glaube meinen Eltern. Ich glaube ihnen, dass sie mich auf ihre eigene Art und Weise lieben. Und das ist okay. Aber es hat mir nicht das gegeben, was ich eigentlich brauche. Und deshalb muss ich es selbst schaffen.« Das tut natürlich auch den Eltern weh, aber das muss passieren, man muss das dann als Kind so machen wie die junge türkische Frau, von der ich erzählt habe.

Die Verantwortung für mein Handeln liegt bei mir

Wenn Eltern eine Entscheidung treffen, dann tragen sie auch die Verantwortung dafür – auch dafür, wenn sie es nicht schaffen, ihren Entscheidungen entsprechend zu handeln. In dem Beispiel mit dem Vater, der es nicht geschafft hat, seine Tochter allein aufstehen zu lassen – beziehungsweise sie weiterschlafen zu lassen –, hat dieser das dann so ein bisschen charmant erzählt. Aber wenn seine Tochter sagt: »Ja, ich habe mich für die Schule entschieden, aber heute geht es irgendwie nicht«, dann kann man ihr plötzlich nicht vertrauen!

Ich möchte hier gern klarstellen: Das Richtige und das Falsche gibt es nicht, zum Beispiel beim Thema morgens aufstehen. *Ich* glaube, dass es für alle angenehm ist, wenn Kinder das so ab sieben Jahren selbst machen. Sie schaffen das ab fünf Jahren, aber man kann ja als Eltern ein paar Jahre üben. Doch irgendwie ist es in unserer Kultur und in unserer Tradition verankert, dass wir das Wecken übernehmen. Wann soll man aufhören? Soll man überhaupt aufhören? Es gibt ja auch Kinder Mitte zwanzig, bei denen Mutti oder die eigene Frau am Morgen kommt und sagt: »Hallo, hallo, aufwachen!«

Eigentlich soll man damit aufhören, wenn man als Mutter oder Vater merkt: »Jetzt bin ich frustriert.« Also, wenn es keine Freude mehr ist. So fängt es ja an, wir gehen die ersten paar Jahre ins Kinderzimmer und sind einfach erleichtert, dass unser Kind noch atmet. Und das ist eigentlich Liebe. Aber dann, wenn wir mit diesem Frust anfangen und sagen: »Wie oft soll ich dir das sagen, das ist jetzt schon das fünfte Mal, es ist zwanzig nach sieben, mecker, mecker, mecker …«, wenn man also zu einem kleinen Terrier wird – dann ist es Zeit, aufzuhören. Das ist sehr wichtig. Eltern sprechen immer darüber, dass sie positive Vorbilder für ihre Kinder sein sollten. Und das ist ein schöner Traum – aber es ist unmöglich. Wir können nicht nur positive Vorbilder für unsere Kinder sein – wir sind Vorbilder, Punkt. Mit all dem, was wir tun und was wir nicht tun.

Wenn also eine Mutter oder ein Vater jeden Morgen, Monat für Monat, sagt: »Ich hasse das, ich will das nicht mehr«, und dann macht er oder sie es trotzdem, dann hat das Kind ein Vorbild, das sagt: »Ja, in dieser Welt muss man nicht verantwortlich für sich selbst sein – besonders nicht, wenn man jemanden liebt.« Und das ist ein interessanter Punkt – stellen Sie sich vor, dass genau dieses Mädchen morgen einen Freund hat und er sagt: »Du, ich glaube, wir sollten eigentlich miteinander schlafen und so weiter. Was denkst du?« Und das Mädchen sagt: »Nee, das will ich nicht.« »Dann liebst du mich nicht!« »Ja, natürlich habe ich dich lieb, aber …« Und wir wissen alle, wie das weitergeht. Was für ein Vorbild hat diese junge Frau? Ein Vorbild, das sagt: »Wenn man jemanden liebt, muss man nicht verantwortlich für sich selbst sein. Da kann man immer die andere Person als Entschuldigung verwenden und sagen: ›Ich hab's gemacht, weil der sonst traurig wird, oder sonst klappt's nicht mit uns, oder sonst will er mich nicht mehr haben.‹« Diese Eigenverantwortung ist also für Eltern extrem wichtig – als Vorbilder.

Von Piercings und der Macht über das eigene Leben

Ich habe vor einigen Jahren eine dänische Familie im Ausland kennengelernt, die damals einen neunjährigen Sohn hatte, der vielleicht so ein bisschen ADHS hatte oder vielleicht auch nicht, jedenfalls war er ein bisschen schwierig, und es gab viel Lärm und so weiter. Und er hatte diese kleine Schwester, die war vier Jahre jünger und so eine richtige Prinzessin. Das heißt, sie war so hübsch und nett und süß und harmonisch, und sie hat alles in der Schule mitgemacht und so weiter. Zehn Jahre später rief mich die Mutter an und sagte: »Es geht nicht um unseren Sohn, es geht um unsere Tochter. Sie ist jetzt fünfzehneinhalb, und eigentlich hat alles angefangen, als sie zwölf war, da hat sie gesagt, dass sie ein Piercing haben will, und wir haben nein gesagt.« Ich muss dazu sagen, dass beide Eltern sehr engagiert sind, sie sind sehr verantwortlich, sehr intelligent, überhaupt nicht autoritär und so weiter. Aber sie haben ihre Meinungen und ihre Haltungen, und zu denen stehen sie, und dazu gehört: Piercing mit zwölf geht nicht. Nachdem das Thema in der Familie zum ersten Mal aufgekommen war, hat es natürlich lange gedauert – so ein paar Monate –, bis ein Kompromiss möglich war. Die Eltern haben dann gesagt: »Wenn du fünfzehn Jahre alt bist und noch immer ein Piercing haben möchtest, dann ist es okay – aber nur ein kleines und an einer unauffälligen Stelle.«

Als die Tochter fünfzehn wurde, waren die Eltern in Afrika, wohin der Vater eine Geschäftsreise machen musste, und die Tochter war eigentlich in einem Internat. Das ist in Dänemark ganz üblich – die dänischen Jugendlichen brauchen eine Pause von ihren Eltern, die gehen so für ein bis zwei Jahre aufs Internat, und das ist sehr gut. Die Eltern kamen dann zurück aus Afrika und haben festgestellt, dass die Tochter überhaupt nicht in der Schule war, sondern dass sie die ganze Zeit über zu Hause gewesen war – und nicht allein – und dass sie sich so ein Riesenpiercing hatte machen lassen, so einen Nagel quer durchs Gesicht. Als die Mutter mit mir telefonierte, hat sie gesagt: »Das ist jetzt eine Woche her, und mittlerweile habe ich alles versucht. Ich habe mit allem gedroht, womit ich drohen kann, ich habe alle möglichen Versprechungen oder Belohnungen versucht – nichts funktioniert.« Ich habe sie gefragt: »Ja, und was sagt deine Tochter?« Sie hat geantwortet: »Meine Tochter steht auf ihren starken Beinen, schaut mir in die Augen und sagt: ›Ihr könnt sagen, was ihr wollt, das bleibt!‹ Also, was mache ich jetzt?« Ich habe dann gesagt: »Jetzt gehst du in dein Badezimmer, schaust dich selbst im Spiegel an und sagst: ›Es ist vorbei.‹ Und was noch wichtiger ist: Du kaufst so schnell wie möglich mindestens eine Flasche Champagner, und die trinkst du heute Abend mit deinem Mann. Um zu feiern, wie wunderschön ihr das fünfzehneinhalb Jahre lang gemacht habt – dass dieses Mädchen so stark ist, so selbstständig und sich so gut ausdrücken kann!«

Das ist für mich überhaupt kein Paradox – für mich ist das reine Logik. Denn diese junge Dame ist überhaupt nicht in Gefahr, der kann man überall vertrauen. Die kann nächsten Sommer Europa bereisen, die kann sich Hals über Kopf verlieben, auch in einen Lebenskünstler mit Motorrad – oder was auch immer heute der Albtraum aller Eltern sein mag –, und die wird das alles überleben. Denn sie besitzt diese Fähigkeit, anderen Menschen in die Augen zu schauen und zu sagen: »Hör auf! Das bin ich.« Und das ist wunderbar. Ich habe vierzig Jahre mit erwachsenen Menschen verbracht, die diese Fähigkeit dringend brauchen und sehr gern erlernen wollen – besonders Frauen geht es oft so.

Gespräch mit Jesper Juul zum Thema Kritik an Elternentscheidungen

Sejma (15): Wieso treffen Eltern so oft Entscheidungen für uns, die wir als nicht richtig empfinden?

Jesper Juul: Das machen die Eltern ja, um verantwortlich zu sein, um das Richtige zu tun. Und genau deshalb brauchen sie diese Rückmeldungen von ihren Kindern. Die sind allerdings leider oft kodiert, was dann so aussehen kann: Ich mache nicht mit, ich werde passiv oder ähnlich. Und Eltern haben so viel zu tun – auch mit ihren fünfzehnjährigen Kindern. Was soll ich sagen, es ist oft viel zu viel für sie. Eigentlich sollten die Eltern überhaupt nicht mehr so viele Entscheidungen für ihre Kinder treffen, wenn die ins Jugendlichen-Alter kommen. Die Eltern sollten sich jetzt entspannen und sich wieder mehr füreinander interessieren.

Gespräch mit Jesper Juul zum Thema agressiver Ton von Jugendlichen

Thema: Wenn Eltern ihre Kinder aggressiv finden

Carl (15): Meine Mutter findet meinen Ton aggressiv – was kann ich da tun?

Jesper Juul: Am allerbesten ist es – aber das ist vielleicht nicht so einfach –, wenn du zu deiner Mutter gehst, sie umarmst und sagst: »Ich liebe dich auch, Mami.«

Gespräch mit Jesper Juul zum Thema Kommunikation mit Kindern

Thema: Wie komme ich mit meinem Kind ins Gespräch?

Mutter: Sie sagen immer, man soll das Kind fragen: »Wir haben dieses und jenes Problem, was können wir tun?« Aber ich finde, dass vom Kind häufig nicht wirklich eine konstruktive Antwort kommt. Da kommen so Antworten wie: »Ich will genauso ein großes Zimmer wie der andere, ich will mehr Zeit haben ...«, Dinge, die ich nicht geben kann.

Jesper Juul: Und Sie meinen, deshalb sollte man nicht fragen?

Mutter: Ich verstehe schon, es ist wichtig, zu dieser Art von Kommunikation zu gelangen, aber ich komme da nicht hin, meine Tochter blockt.

Jesper Juul: Dann geht es da um etwas ganz anderes. Und da können wir nicht über Kommunikation im Allgemeinen sprechen, da müssen wir etwas anderes machen. Ganz generell glaube ich, dass man seine Kinder fragen sollte, weil die die Antwort sehr oft wissen. Die reden allerdings oft kodiert, und das muss man natürlich übersetzen. Aber ich denke, dass man mit Ihrer Tochter anders anfangen muss. Sie beide müssen erstmal ein Telefon haben, und dann können wir darüber sprechen, wie man das benutzen kann.

4

Elternliebe ist nicht Aufopferung

Ich kehre jetzt ein bisschen zu meinem eigenen Lernen mit meinem Enkelkind zurück, weil es viele ungeklärte Fragen gibt zu dem Thema: Was kann man sich als Erwachsener erlauben? Die meisten Eltern – besonders Mütter, aber auch Väter – haben ja eine riesengroße Angst davor, zu ihren Kindern nein zu sagen. Sie haben Angst, dass das Kind sich dann abgelehnt fühlt. Meine Frau und ich haben ein paar Tage mit meinem Enkel verbracht. Meine Frau liebt es, mit ihm zu spielen, sie spielt etwa sechzehn Stunden am Tag mit ihm, und sie ist sehr froh darüber, und es geht wunderbar, und die beiden haben eine schöne Zeit. Ich bin nicht so. Für mich ist es ab und zu lustig, eine halbe, dreiviertel Stunde zu spielen, und dann nicht mehr. Meine Frau musste also zu irgendeinem Termin, und ich habe zu meinem Enkel gesagt: »Du, heute sind wir beide allein, und ich spiele nicht so gern wie Oma. Das heißt, wenn nur wir beide da sind, musst du allein spielen.« Damals war er zwei Jahre alt, und er hat unmittelbar gesagt: »Nein.« Und ich weiß, da muss man nur zehn Minuten warten, und dann geht er spielen. Drei Tage später hat er seinen Vater begrüßt und gesagt: »Papi, weißt du was? Über Opa? Der Opa mag nicht so gern spielen.« Das hatte er entdeckt, und das ist ja wunderbar – für mich, aber auch für ihn, weil er dann nicht immer kommen muss und betteln: »Opa, Opa, spiel mit mir, spiel mit mir.« Er kann einfach mit dem Opa leben, den er hat, und er kann darüber denken, was er will.

Jetzt kehre ich zurück zu diesem grundlegenden Problem, das es – auch – zwischen Eltern und Kindern gibt: Wie setze ich meine Grenzen? Es geht dabei nicht um Grenzen rund um die Kinder – die kann jeder Idiot festlegen, die heißen einfach Regeln, und die brauchen Kinder gar nicht. Die Kinder brauchen aber Erwachsene, die mehr oder weniger gut abgegrenzt sind oder die zumindest willens sind, das innerhalb der ersten drei, vier Jahre zu lernen. *Und die ja oder nein sagen können, wenn sie ja oder nein meinen.*

Was für ein Kind wollen wir?

Wir haben heute die Wahl: Wollen wir ein gesundes Kind, das zu uns und anderen Autoritätspersonen auch mal nein sagt, oder wollen wir ein gehorsames Kind? Die meisten Eltern sind schlau und sagen: »Am liebsten beides.« Aber das ist leider nicht immer möglich. Wenn wir ein gesundes Kind wollen, wenn wir unseren Kindern erlauben wollen, mit einem guten Gewissen nein zu sagen, dann müssen wir den Dialog lernen. Dann müssen wir auch lernen, wie wir zu unseren Kindern zurückkommen können und zum Beispiel sagen: »Okay, das willst du nicht. Jetzt wird es schwierig. Weil wir jetzt eigentlich alle fahren müssen und du nicht mit willst. Jetzt weiß ich nicht, was wir tun sollen. Jetzt müssen wir irgendeine Lösung finden.«

Die Generation meiner Eltern hatte diese Wahl überhaupt nicht, es gab nur die eine Möglichkeit. Die Eltern heute können wählen und sich fragen: »Was für ein Kind wollen wir?« Und ich möchte gern mit Nachdruck sagen: »Bitte wählen Sie!« Denn für Kinder ist es sehr unangenehm, in einer Familie zu leben, in der die Eltern zwischen neun und elf Uhr morgens meinen, das Kind müsse gehorsam sein; dann von elf bis fünfzehn Uhr ist das nicht so wichtig; und dann von neunzehn bis zwanzig Uhr muss das Kind wieder gehorsam sein und so fort. Das macht Kinder wahnsinnig, weil diese zwei Wertvorstellungen eigentlich prinzipiell – philosophisch gesehen – nicht zur selben Zeit im selben Raum existieren können. Wir merken das nicht, weil wir versuchen, so modern zu sein – und wenn das nicht klappt, dann gehen wir zurück in die Vergangenheit und holen das alte Zeug aus den Schubladen und sagen: »Ja, ja, die brauchen ja auch Grenzen. Da gibt es ja Bücher darüber. Also setzen wir jetzt einfach ein paar Grenzen, und wahrscheinlich funktioniert es dann.«

Das Ganze ist wirklich eine Riesenherausforderung, und die meisten von uns sind genau zu dieser Art von Reflexion nicht erzogen worden. Die meisten von uns wurden dazu erzogen, gehorsam zu sein. Ich zitiere oft meinen Nachbarn in Kroatien. Wenn ich ins Dorf komme, besuche ich ihn, und wir trinken einen Kaffee zusammen, und er sagt seit zwanzig Jahren jedes Jahr dasselbe – ich sage übrigens auch immer dasselbe. Er sagt: »Jesper, das Leben war besser unter Tito.« Und ich sage: »Das kannst du doch nicht im Ernst meinen!« Und er sagt: »Doch. Und weißt du warum? Weil wir heute so viel denken müssen.« Und das ist mehr als eine gute Geschichte, hier geht es um einen Riesenunterschied. Die Möglichkeiten, die wir heute haben, bedeuten ja auch eine Riesenverantwortung. Wenn man nur gehorsam ist, trägt man keine Verantwortung – aber heute muss ich plötzlich selbst entscheiden. Ich muss als Vater oder Mutter entscheiden, was ich will und was ich nicht will. Unsere größeren Kinder müssen das ja jeden Tag. Vor dem Computer, im Internet müssen sie jeden Tag so große Entscheidungen treffen, das kann man sich gar nicht vorstellen. Will ich jetzt mit meiner besten Freundin chatten, oder will ich Hardcore-Pornografie gucken? Es gibt immer diese Wahl. Und wir sind zwar als Menschen grundsätzlich dafür ausgerüstet, unsere Wahl zu treffen, aber wir müssen uns darin üben.

Diese Reflexionen sind also sehr wichtig für die Eltern, und da können die Kinder auch gut einen Moment warten – auch, wenn sie das nicht mögen. Wenn ein Kind kommt und fragt: »Darf ich dieses oder jenes?« und man sagt: »Weiß ich nicht.

Ich muss erst darüber nachdenken oder mit deiner Mutter reden«, dann sagen sie: »Ich will es aber jetzt wissen!« »Das weiß ich, aber das geht nicht.« »Ja, aber wann denn?« »Weiß ich nicht. Vielleicht Freitag oder nächste Woche.« Dann kommt ein genervtes: »Mann, bist du blöd!«, und sie gehen weg. Aber es ist ein riesengroßes Geschenk für die Kinder, weil sie das nachmachen können, wenn sie vierzehn, fünfzehn oder achtzehn Jahre alt sind. Wenn die Gruppe kommt und mit ihr der Gruppendruck, darf man sagen: »Weiß ich nicht. Ich will erst darüber nachdenken« oder »Ich will erst mit jemandem darüber reden, bevor ich das mache«.

Wir können uns guten Gewissens Zeit lassen, um den eigenen Weg zu finden. Wir sollen es sogar. Eltern müssen nicht allwissend sein, genauso wenig wie Kinder. Sowohl Kinder als auch Jugendliche und Eltern spüren immer wieder neu, dass es heutzutage schwer ist, eigene Werte zu definieren und dann auch noch zu ihnen zu stehen.

Also hören wir endlich auf mit dieser romantischen Vorstellung, dass Eltern gute Vorbilder für ihre Kinder sein sollten. Das ist nicht möglich! Wir sind ab und zu sehr gute und ab und zu sehr schlechte Vorbilder. So ist das, und das ist wunderbar! Wir können alle mal in die eigene Geschichte zurückgehen, und ich bin sicher, dass die meisten feststellen werden: »Ich habe so viel von meinen Eltern gelernt, wenn die schlechte Vorbilder waren. Wenn sie gute Vorbilder waren, habe ich nicht so viel gelernt.« Lassen wir jetzt also auch noch diesen Druck weg. Das heißt, wir haben jetzt achtzig Prozent der Erziehung weg, und jetzt ist auch noch dieser Druck weg, dass man ein positives Vorbild sein müsste – jetzt können Sie einfach eine Pause machen und sich entspannen.

Weniger ist mehr

Kinder sind heute zu sehr ins Zentrum gerückt. Das haben wir zwar in den fünfziger, sechziger Jahren gefordert, aber damals war es als Botschaft an die Adresse der Politiker gemeint: Kinder müssen ins Zentrum, wir müssen die Kinder ernst nehmen. Jetzt, Jahrzehnte später, sind sie endlich im Zentrum – auch in den Familien –, und die Kinder sitzen da und fühlen sich da unheimlich einsam. Denn so geht es jedem, der im Zentrum ist – da ist es einsam. Die anderen haben rundherum eine Gemeinschaft, und ich sitze da ganz allein in der Mitte. Als wir meinen Enkel mit sieben, acht Monaten zu Besuch hatten, musste ich mich selbst erziehen, weil ich es genauso gemacht habe. Wir wollten essen, und er saß in seinem Hochstuhl, und wir saßen genauso da wie die jungen Eltern und guckten diesem armen Kind zu. Das ist so unangenehm für das Kind, das kann man sich gar nicht vorstellen! Aber wir nennen es Aufmerksamkeit – »Er braucht Aufmerksamkeit.« Wenn man fünf Kinder hat, ist es natürlich viel besser, weil man da nicht so viel Zeit hat. Wenn Sie mir nicht glauben, dann erinnern Sie sich an den Tag, als Sie zum ersten Mal zum Essen bei Ihren Schwiegereltern waren – so ein Gefühl ist das. Da weiß man, dass man beobachtet wird. Die versuchen zwar, diskret zu sein, aber man wird beobachtet, und das ist unangenehm.

Ich plädiere also wirklich dafür, dass die Eltern miteinander sprechen und sagen: »Was sind unsere Bedürfnisse? Unser Kind ist jetzt sechzehn Monate alt, es hat von uns beiden hundert Prozent bekommen – das reicht. Ab heute müssen wir auch leben und auch Zeit für uns haben.« Und wenn das Kind dann kommt und sagt: »Du sollst mit mir spielen«, kann man sagen: »Will ich aber nicht.« »Dann bist du dumm!« »Ja, das kann ich verstehen, dass du es so sehen musst. Aber jetzt will ich mein Buch lesen« oder »Jetzt will ich mich mit deiner Mutter unterhalten« oder »Jetzt will ich einfach Ruhe haben«.

Väter als Liebesminister

Irgendwie ist es für Eltern verboten, zu sagen: »Ich will auch ein Leben.« Da könnte ja jemand kommen und sagen: »Ja, ist denn dein Kind nicht dein ganzes Leben?!« Dabei gibt es auf diese Frage eine ganz einfache und gute Antwort: »Nein, tut mir leid. Mein Kind ist ein wichtiger Teil meines Lebens, aber es gibt noch viel mehr.« Aber die Leute, die sich so äußern, gewinnen ja nicht – es gewinnen die Romantikerinnen, die sagen: »Meine Kinder bedeuten *alles* für mich!« Aber deren arme Kinder tragen das Leben ihrer Eltern auf ihren jungen Schultern – und das geht schief.

Ich glaube, wir brauchen heute wahrscheinlich öfter als früher ein bisschen Begleitung durch Fachleute, weil wir gar nicht merken, wenn unsere Kinder versuchen, uns genau das zu sagen, was eigentlich gut für sie und für uns wäre – zum Beispiel: »Jetzt bist du mir zu viel, Papa« oder »Entspann dich«. Aber die Reaktionen von Kindern sind ja auf gewisse Weise paradox. Das heißt, für die Kinder fühlt es sich so an: »Wenn mein Papa immer dabei ist oder immer hyperaktiv ist, bedeutet das, dass er mich auf diese Art und Weise liebt. Und ich will so gern, dass er mich liebt! Also frage ich nach mehr von demselben.« Ich glaube, dass das Feedback der Kinder und die gegenseitige Unterstützung der beiden Eltern hier sehr wichtig sind.

Wir Väter kennen das ja. Beim ersten Kind – oft auch beim zweiten und dritten, aber beim ersten Kind besonders deutlich – erleben wir: »Jetzt habe ich etwas verloren. Jetzt bin ich nicht mehr die Nummer eins auf der Hitliste meiner Frau, sondern die Nummer zwei.« Da müssen die Eltern zusammenarbeiten und miteinander überlegen: »Wir haben drei Kinder, die sind jetzt zwei, vier und sechs. Was machen wir in unserem Leben, außer für unsere Kinder zu sorgen?« Wenn die Antwort lautet: »Nichts«, dann wissen wir, dass es wirklich zu viel ist. *Kinder brauchen und wollen Eltern, die fit sind, das heißt, Eltern, die für sich selbst ein gutes Leben gestalten können.* Die Kinder werden sich zwar beklagen, und wenn die Eltern für ein Wochenende allein wegfahren, sieht es aus, als würden die Kinder gleich sterben. Aber sie lieben es – es ist wunderbar. Wir brauchen alle diese Bewegung und Entwicklung.

Eine Kollegin von mir hat mal gesagt, dass die Männer ab dem ersten Kind eine neue Position einnehmen sollten – sie sollten eigentlich Liebesminister sein. Das heißt, sie sollten dafür sorgen, dass die Paarbeziehung weiterlebt – nicht nur überlebt, sondern wirklich weiterlebt. Sie sollten auch dafür sorgen, dass die Kinder ein bisschen von den Müttern getrennt werden. Mein Beitrag zu diesem Konzept ist, dass jeder Vater seiner Frau bei der Geburt des ersten Kindes ein zweites Handy geben sollte. Auf dem alten Handy kann »Mutter« stehen und auf dem neuen der Vorname der Frau. Und die Frau weiß, wenn er das zweite Telefon anruft, will er mit seiner Frau sprechen und nicht mit der Mutter seiner Kinder.

Wir Väter suchen uns ja – seit meiner Generation – eine sinnvolle Rolle innerhalb der Familie. Und für mich ist das eine sehr sinnvolle Rolle. In meiner Generation haben die Frauen immer geklagt: »Wann waren wir das letzte Mal zusammen im Kino? Warum lädst du mich nie ein?« Das heißt, die Frauen haben gemerkt, dass etwas fehlt, und darüber geklagt. Aber jetzt haben die Männer langsam entdeckt, dass die Frauen auch nicht wissen, was da zu tun ist, dass sie nur darüber klagen können. Deshalb glaube ich, dass es wichtig ist, dass wir Männer das übernehmen und sagen: »Das ist unser Job. Ab heute bin ich Liebesminister.« Das würde auch den Kindern sehr gut gefallen.

Gespräch mit Jesper Juul zum Thema in Beziehung kommen mit jedem Geschwisterkind

Mutter: Nur – zum Beispiel – mit meiner Tochter in Beziehung zu sein, gelingt mir immer mal wieder ganz gut, aber was ich sehr schwer finde, ist, mit unseren drei Kindern in Beziehung zu sein, wenn wir zu viert sind. Die Konkurrenz, die da zwischen ihnen ist, und die verschiedenen Anfragen an mich ... Ich finde es sehr schwer, da ruhig zu bleiben, da zu sein und gerecht zu sein. Da kommt natürlich auch die eigene Geschichte hoch – ich selbst bin eine Zweitgeborene. Aber ich finde das auch ganz schwer mit dem unterschiedlichen Alter unserer Kinder, die sind zehn, sechseinhalb und vier. Und da ist so viel Kampf, zum Beispiel zwischen der Jüngsten und der Ältesten, und die Älteste steigt dann ganz ein und will der Kleinen ernsthaft zeigen, dass sie es besser kann. Ich finde es ganz schwer, da ruhig zu bleiben und überhaupt in Beziehung zu bleiben.

Jesper Juul: Das verstehe ich. Weil das nicht schwierig ist – das ist unmöglich! Haben die Kinder auch einen Vater, mit dem sie zusammenwohnen?

Mutter: Ja, aber der ist halt oft weg.

Jesper Juul: Ja, so ist es ja mit den Vätern. Irgendwie sind die oft weg. Ich frage, weil ich wirklich glaube, dass Sie am besten zusammen mit Ihrem Mann – das heißt nicht, dass er viel sagen muss, er muss nur dabei sein – ihre Kinder zusammenrufen müssen und sagen: »Hört mal, Kinder, ganz im Ernst, ich möchte gern mit allen hier in Beziehung sein, aber das ist mir unmöglich. Jetzt muss ich euch etwas sagen, das für mich furchtbar zu sagen ist und für euch wahrscheinlich furchtbar zu hören: Meine Aufmerksamkeit und meine Gefühle gehören mir. Ich entscheide. Ihr könnt gern kommen, und ihr könnt gern fragen, und ihr bekommt genau das, was ich geben will. Und jetzt könnt ihr spielen gehen.« Und ich meine das wirklich ernst, denn wenn Sie so weitermachen, gehen Sie ja kaputt – das geht nicht. Das ist wie so eine rund um die Uhr geöffnete Tankstelle, in der es nur eine Mitarbeiterin gibt. Das geht einfach nicht. Und die Kinder können nicht genug kriegen. Das ist einer dieser modernen Mythen, dass man immer sagt: Kinder fordern so viel Aufmerksamkeit. Aber die können mit viel weniger Aufmerksamkeit, als sie fordern, klarkommen. Worum die Kinder sich nicht kümmern können beziehungsweise nur zu spät kümmern können, sind das Leben und die Gesundheit ihrer Mutter. Dafür muss die Mutter mit Hilfe ihres Partners selbst sorgen. Und das ist das Allerwichtigste für jedes Kind. Glauben Sie das?

Mutter: Ja, also theoretisch bin ich mir dessen auch bewusst. Aber praktisch finde ich es sehr schwer. Vor allem diesen Kampf zwischen den Kindern mitzuerleben, ist für mich sehr schwer.

Jesper Juul: Ah ja!

Mutter: Natürlich gehört dazu, dass sie alle um meine Aufmerksamkeit buhlen … Aber dieses unfaire Spiel mitanzusehen, und ich will nicht Partei ergreifen … Und ich weiß auch, dass die sich auseinandersetzen *müssen*, aber ich kann da schwer zuschauen.

Jesper Juul: Ja, das verstehe ich.

Mutter: Und das verhindert dann auch eine Beziehung zu den Kindern, weil der Zug dann sozusagen abgefahren ist.

Jesper Juul: Ja, aber ich meine wirklich – ganz ernst –, dass das ein wunderbarer Bescheid ist für Kinder, wenn eine Mutter von Herzen sagen kann: »Hört mal, ich will eine Beziehung zu euch haben – aber wie es momentan läuft, ist das unmöglich. Und das will ich ändern.« Das ist ja für jedes Kind das Weihnachtsgeschenk des Jahrzehnts. Und die streiten sich ja *untereinander* – das machen sie noch die nächsten sieben, acht Jahre, und dann ist es vorbei.

Gespräch mit Jesper Juul zum Thema gerechte Verteilung der Hausarbeit

Mutter: Mein Beispiel ist eigentlich relativ banal, es geht um häusliche Ordnung. Ich habe fünf Kinder zwischen zwei und siebzehn Jahren, und ich finde Hausarbeit selbst total ätzend und bin darauf angewiesen, dass wir alle wenigstens so ein bisschen miteinander arbeiten. Damit man es zum Beispiel schafft, überhaupt durch die Wohnung zu kommen. Und mein Sohn, der geht eben duschen, und da hängt über der Badewanne die Wäsche, die reißt er runter und schmeißt sie auf den Boden, wo Katzenstreu und alles Mögliche liegt – und ich frage mich immer: »Was denkt der?« Also ganz im Ernst. Wir haben da lange drüber geredet, und ich habe meine Wünsche und Sorgen und Nöte mitgeteilt – und es passiert immer wieder, lauter solche Sachen. Im Moment würde ich meinen Kindern – zumindest den älteren – am liebsten eine Jugendwohnung bezahlen oder so etwas, und wir treffen uns dann zum Kaffeetrinken und machen es uns nett. Aber dieses alltägliche Miteinander ist ein Drama.

Jesper Juul: Sind Sie allein mit den Kindern?

Mutter: Nein. Ich muss vielleicht dazu sagen, dass wir so ein bisschen eine Patchwork-Familie sind. Zwei Kinder haben noch andere Väter und sind auch manchmal bei denen. Und ich frage mich immer, ob die sich nicht zu Hause bei mir fühlen, ob irgendetwas fehlt, weil diese Verantwortung für uns als Familie und als Gemeinschaft eben überhaupt nicht da ist.

Jesper Juul: Ich frage nach dem Partner, weil ich glaube, dass der unbedingt dabei sein und Sie unterstützen muss. Der muss sagen: »Mit der Situation, wie sie ist, geht es meiner Frau schlecht. Und das will ich nicht.« Und dann können Sie ja auch für sich selbst reden und sagen: »Es ist so und so und so, und ich mache nicht mehr mit.« Da muss man gar nicht lange drüber reden – also, je länger man darüber redet, desto weniger Erfolg. Es geht nur um einen Punkt: »Ich bin ein Mensch, ich arbeite in dieser Familie umsonst, und das mache ich nicht mehr mit!«

Wenn Sie sich fragen: »Kann ich das fordern, ist das okay?« lautet meine Antwort: Es ist mehr als okay, es ist notwendig – und zwar auch für die Kinder. Menschen, die in einer Gemeinschaft leben und nichts zu dieser Gemeinschaft beitragen, verlieren ihre Würde – und es spielt keine Rolle, ob sie sechs, sechzehn oder sechzig Jahre alt sind. Man sollte von Jugendlichen natürlich nicht erwarten, dass man sich damit beliebt macht oder dass die losgehen und sagen: »Yes!!! Jetzt darf ich endlich putzen!« Die werden wahrscheinlich stinksauer, und sie werden alles Mögliche versuchen. Deshalb ist es sehr wichtig, dass Sie nicht allein sind, sondern dass der Partner dabei ist und klar Stellung bezieht. Und das, worüber wir hier reden, ist das Minimum. Weil mit so einer Situation niemandem gedient ist, auch die Kinder ziehen daraus überhaupt nichts, das wertvoll für ihr Leben wäre.

Mutter: Also, ich habe zwei Möglichkeiten: Entweder ziehe ich mir diese Polizeimütze auf und sage: »So, ihr macht jetzt das Bad und das und das«, oder ich mache es eben allein. Ich finde es sehr, sehr anstrengend, immer hinterher sein zu müssen, dass die Kinder ihre Pflichten erfüllen. Ich will das eigentlich überhaupt nicht. Deshalb versuche ich ja immer, herauszufinden, woran das eigentlich liegen könnte, dass man überhaupt so denkt oder eben nicht so denkt.

Jesper Juul: Na ja, es ist ja auch peinlich für intelligente Menschen, wenn man da immer so eine Struktur vorgeben muss. Aber ich glaube, in so einer Situation gibt es nur diese Möglichkeit. Man kann zum Beispiel einen Kalender an den Kühlschrank hängen, und da steht genau, wer wann was zu tun hat. Und wenn das alles erst einmal läuft, kann man das wahrscheinlich auch anders machen. Aber bis dahin ist es so.

Ich möchte noch etwas zu dieser Verantwortlichkeit sagen. Eltern fragen ja immer: »Okay, wir können es den Kindern sagen, wir können das mit ihnen absprechen – aber was tun wir, wenn die Kinder das nicht machen?« Die Antwort lautet: Wenn die Kinder das nicht machen, dann geht es nicht mehr um die herumliegende Unterhose oder die Wäsche oder das Abspülen – dann geht es um Beziehung. Dann muss man sich hinsetzen und sagen: »Hör mal, ich werde von dir nicht ernst genommen, das passt mir nicht, und ich will wissen, warum.« Und dann darf man keine allgemeinen Argumente zulassen – das ist eine persönliche Angelegenheit, und über die muss man persönlich sprechen. Über Polizei-Spielen oder Kontrolle funktioniert es nicht. Man sollte niemanden kontrollieren, der für irgendetwas verantwortlich ist – die Person sollte selbst kommen und sagen: »Ich weiß, ich sollte das eigentlich heute machen – mache ich aber nicht. Ich mache das übermorgen.« Das ist Verantwortlichkeit, und das gehört dazu, wenn man jugendlich oder fast erwachsen ist. Wenn man sich dagegen kindlich verhält und sagt: »Ich soll das eigentlich heute machen, aber ich mache es nicht – hoffentlich merkt sie es nicht«, dann ist das unterstes Niveau, und man verliert dabei, wie gesagt, die eigene Würde. Das sollten die Erwachsenen also nicht erlauben. Aber es gibt ja auch Eltern, die sagen: »Wir führen lieber ein gutes Hotel, und unsere Kinder müssen gar nichts machen.«

5

Persönliche Sprache: die Sprache von Respekt, Vertrauen und Liebe

Wir haben nur diese Subjekt-Objekt-Sprache. Eltern fragen in Beratungen immer die gleiche Art von Fragen: »Was machen wir mit einem neun Monate alten Kind, das nicht schlafen will? Was machen wir mit einer Zweijährigen, die kein Gemüse essen will? Was machen wir mit einem Siebenjährigen, der seine Hausaufgaben nicht machen will? Was machen wir mit einem Vierzehnjährigen, der nicht nach Hause kommt? Was machen wir mit diesem ›Ding‹, damit es sich verändert?« Ich glaube, dass die meisten Menschen mittlerweile wissen, dass es auf diese Fragen keine Antworten gibt. Es gibt keine Antwort auf die Frage: »Was macht man mit so einem ›Ding‹?

Was machen wir, damit es rechtzeitig nach Hause kommt? Das Ding ist vierzehn Jahre alt – mehr brauchen Sie über das Thema nicht zu wissen.« Wenn eine Frage so gestellt wird, gibt es nur eine Antwort: Gewalt. Die funktioniert zwar ab der Pubertät auch nicht mehr, aber wenn man früh mit Gewalt anfängt, hat man wenigstens die ersten zwölf Jahre gehorsame Kinder.

Wir müssen also eine neue Sprache erfinden, eine Beziehungssprache. Und wir brauchen hier unbedingt akademische Begriffe, Theorien und Entwicklungen. Ich glaube, wir brauchen mindestens zwanzig Jahre Forschung auf dem Gebiet der Phänomenologie, um diese Sprache entwickeln zu können.

Jetzt gehen wir ein bisschen zurück und fragen uns: Was ist das mit diesem Dialog? Dafür brauchen wir ja auch eine Sprache. Wir haben bisher nur diese Befehlssprache – und jetzt seit etwa zehn Jahren auch noch diese Flugbegleiterinnensprache. Viele Eltern benehmen sich heute wie Flugbegleiterinnen, sie sind immer freundlich, sie haben so ein professionelles Lächeln, sie sagen immer »bitte« und »möchte«, und sie verwenden immer diesen Konjunktiv: »Würdest du bitte …« Das verwirrt jedes Kind – und auch jeden Erwachsenen. Diese Art von Freundlichkeit entsteht, weil wir ja eigentlich nicht so direkt Macht ausüben wollen. Trotzdem möchten wir gern das bekommen, was wir wollen, also denken wir uns, dass es vielleicht einen sanfteren Weg zu genau demselben Ziel gibt.

Wenn Eltern zu mir in die Beratung kommen, sagen sie auch immer: »Ja, wir haben natürlich mit dem Guten angefangen.« Das heißt, dass sie mit dieser kinderfreundlichen Süße angefangen haben. Zum Beispiel: »Ich möchte jetzt, dass du ins Bett gehst.« Und das Kind sagt: »Okay, gut, dann weiß ich das jetzt. Ich geh aber nicht ins Bett.« Das hat meine Frau früher manchmal zu mir gesagt: »Möchtest du mir morgen beim Putzen helfen?« Und ich habe vom ersten Tag an gewusst, dass das ein Befehl ist und keine Frage, sie versucht nur, höflich zu sein. Aber Höflichkeit kann man ignorieren, die hilft in so einem Fall nicht weiter. Eltern haben also zwei Sprachen: Die alte Befehlssprache und diese nette, höfliche, absolut substanzlose Sprache, die überhaupt kein Blut, keinen Körper hat, bei der es um nichts geht, die nur nett ist. Die eignet sich wunderbar im Bus und beim Einkaufen, aber in einer Liebesbeziehung ist sie ein totales Fiasko, da funktioniert sie überhaupt nicht.

Das merken wir bei Kindern heute: Wenn sie so drei, vier Jahre alt sind, dann kommen die Eltern zu uns und klagen: »Wir verstehen es wirklich nicht. Unsere Kinder hören uns nicht zu.« (Für manche Eltern heißt das, dass sie nicht zuhören – für andere heißt das, dass sie nicht zuhören und nicht gehorchen.) Und wir wissen mit hundertprozentiger Sicherheit, dass es nur einen Grund gibt, wenn Kinder nicht zuhören: Die Qualität von dem, was die Erwachsenen sagen, ist zu gering, als dass man sich damit beschäftigen müsste. Das bedeutet, dass man eine andere Sprache lernen muss, eine Sprache mit mehr Fleisch und Blut – eine persönliche Sprache.

In Watte gepackt

Eine Mutter hat mir mal erzählt: »Jesper, ich bin so unglücklich. Ich habe meinen Zweieinhalbjährigen angebrüllt.« Ich frage sie: »Wie oft?« »Einmal«, antwortet sie. Ich frage: »Meinst du einmal pro Stunde oder einmal am Tag?« »Nein, nein, nein, um Gottes willen«, sagt sie, »einmal in seinem ganzen Leben.« Ich sage: »Ach du liebe Zeit! Du kannst ihn einmal pro Stunde anbrüllen, und nichts passiert. Das ist völlig okay!« Aber das glauben die Leute nicht, die sind so hoffnungslose Romantiker, die glauben: »Meine Gefühle schaden meinem Kind.« Aber das stimmt nicht – was schadet, ist diese Abwesenheit von Gefühlen! Diese immer glatte Elternrolle, bei der man immer den Überblick hat, bei der man immer weiß, was zu tun ist – auch wenn man gar nicht weiß, was zu tun ist. Das schadet!

Wenn es zu Hause schwierig ist, kann das auch mit dem Thema Authentizität zu tun haben. *Wenn die Eltern nämlich Eltern spielen, dann fangen die Kinder an, Kinder zu spielen.* Und dann sind Kinder nicht auszuhalten, weil sie sich dann so idiotisch und kindisch benehmen. Es gibt da diese Sache, die sehr gefährlich ist – wenn Eltern über sich selbst in der dritten Person reden. Zum Beispiel: »Mami will nicht, dass du ...« Das ist gefährlich, weil es überhaupt keinen Kontakt gibt, wenn man so redet. Und gleichzeitig meint man es ja so gut, und es ist irgendwie so lieb. Aber stellen Sie sich vor, dass jemand so mit seiner Partnerin spricht, wenn die um einen Gefallen bittet: »Dein Mann hat keine Lust.« Da kann jeder hören, dass es da keinen Kontakt gibt. Aber dieses nette »Nein, Mutti will nicht«, das ist ja so süß – als wären die Erwachsenen selbst erst drei Jahre alt.

Es heißt: »Ich will …«, und nicht: »Mutti möchte …«

Wir haben die erste Generation von Kindern dieser Eltern schon kennengelernt, die sind jetzt zwischen vierzehn und achtzehn, die haben keine Lebensfähigkeit, die sind depressiv, die ritzen sich, die kriegen Essstörungen und so weiter. Die sind nicht auf das Leben vorbereitet, weil die in dieser Watteschicht aufgewachsen sind, in der die Leute immer nett und höflich waren. Und je mehr Zeit die Kinder in der Kita und in der Schule verbringen, desto mehr brauchen sie Eltern, deren Gefühle man spüren kann – und mehr als das, Eltern, deren Gefühle man wirklich wahrnehmen kann. Das ist sehr, sehr wichtig. Ebenso brauchen sie Erzieherinnen und Lehrer, deren Gefühle sie spüren können. Dazu komme ich später.

Dialog ohne echtes Interesse verpufft

Die Vorstellung, dass es einen Dialog zwischen Kindern und Eltern geben sollte, ist ja noch ziemlich neu. Ich habe mich vor ein paar Jahren mit meinen alten Schulkameraden getroffen, und ich habe sie gefragt: »Wer von euch hat in der Kindheit erlebt, dass seine Eltern mit ihm reden wollten? Mit Interesse dafür, wer ihr wart?« Und alle haben geantwortet: »Das ist nie passiert.« Die Kommunikation zwischen Kindern und Eltern besteht sehr oft darin, dass die Eltern Fragen stellen, und dann müssen die Kinder antworten. Und so ungefähr ab sieben Jahren antworten sie nicht mehr. Wenn umgekehrt die Kinder oder Jugendlichen kommen und auch eine Frage stellen, haben sie ja oft die Vorstellung, dass die Eltern eigentlich wirklich mit ihnen reden könnten – wenn sie nur wollten. Tatsache ist, dass viele Eltern nicht wissen, wie man mit seinen Kindern sprechen kann, ohne dabei zu erziehen, ohne in dieser Vater- oder Mutterrolle zu stecken.

Wie kann ich eigentlich einen Dialog führen, bei dem wir uns einfach nur füreinander interessieren? So ein Dialog kommt selten zustande, weil Eltern diese unglückliche Tradition haben, sich wie Journalisten zu verhalten. »Hast du einen guten Tag in der Schule gehabt? Wie war es? Hast du deine Hausaufgaben gemacht?«, eine Frage nach der anderen. Dieser Weg ist nicht besonders gut, weil man, wenn man immer nur Fragen stellt, immer nur Antworten bekommt. Und irgendwie werden die Antworten mit der Zeit immer dünner und dünner.

Ein anderer Punkt ist: Wenn man nur Fragen stellt, kann man sich hinter seinen Fragen verstecken. Und die Person, die antwortet, muss sich öffnen. Und das ist nicht »gleichwürdig«, das geht nicht. Das können Väter und Mütter ja mal miteinander versuchen – da entdeckt man blitzschnell, dass Kommunikation so nicht funktionieren kann. Der eine fragt immer, und die andere antwortet immer – das geht nicht. Manche Eltern sagen: »Okay, aber wenn ich keine Fragen stelle, dann bekomme ich überhaupt keine Informationen.« Ja, gut. Dann ist es vielleicht an der Zeit, sich in seiner Kommunikation wirklich einmal zu vertiefen und sich wirklich zu interessieren.

Jetzt stelle ich mir vor, mein Sohn wäre sechsundzwanzig, er hätte zwei Kinder, und er käme mit seiner Frau zu Besuch – kann ich überhaupt mit ihm reden? Ich kann natürlich die ersten Fragen stellen: »Wie geht's?« »Gut.« »Wie geht es auf deiner Arbeit?« »Gut.« »Wie ist es mit den Kindern?« »Geht auch gut.« »Hast du Hunger?« »Ja.« Und dann ist es vorbei. Ich sage das nicht so, um mich über Eltern oder über mich selbst lustig zu machen, das ist sehr ernst! Ich habe es selbst durchleben müssen. Ich hatte keine Ahnung, wie ich eigentlich ein sinnvolles Gespräch mit meinem Sohn führen kann. Ich habe mich selbst gefragt: Was will ich meinem Sohn sagen? Ich habe ihn vier Monate lang nicht gesehen, er war siebzehn Jahre alt, ich habe die fünf Routinefragen gestellt – habe ich irgendetwas zu sagen? Will ich etwas sagen? Das hat mich vierundzwanzig Stunden gekostet, und dann habe ich endlich die Antwort gefunden. Eigentlich wollte ich ihm nur einen Satz sagen, ich wollte ihm nur sagen: »Kann ich bitte ein paar Stunden hier sitzen und dich einfach nur genießen?« Aber so hat niemand mit mir geredet, meine Eltern haben immer gesagt: »Jetzt sind deine Haare wieder zu lang«, oder so.

Wer trifft die Entscheidungen?

Spätestens, wenn die Kinder im Jugendalter ankommen sind, wird es offensichtlich: Wenn Eltern noch immer alle Entscheidungen für ihre jugendlichen Kinder treffen wollen, machen sie einen Riesenfehler. Das bedeutet nämlich, dass die Jugendlichen keine Möglichkeit haben, sich zu üben. Wenn eine Jugendliche zum Beispiel fragt: »Darf ich mich mit Paul verabreden?«, und die Mutter fragt zurück: »Hast du deine Hausaufgaben gemacht?«, hat das ja noch nicht mal eine Logik. So haben meine Eltern auch geredet. Wenn ich gefragt habe: »Darf ich ins Kino?«, hieß es: »Hast du deine Hausaufgaben gemacht?« Wenn ich die Mutter in dem obengenannten Beispiel wäre, würde ich antworten: »Weiß ich nicht. Also, unmittelbar würde ich nein sagen. Was denkst du?« Das ist keine Frage von Demokratie oder von Macht. Hier geht es darum, wie man lernt, selbst Entscheidungen zu treffen. Wie kann man langsam diese Verantwortung für sich übernehmen?

Und egal, ob die Eltern sich wie autoritäre Übergeneräle benehmen oder ob sie das mit ganz viel Vernunft rüberbringen, wenn sie weiter die Entscheidungen für ihre Kinder treffen wollen – im Grunde vernachlässigen sie ihre Kinder. Die lernen dabei nämlich nur eins: Man muss sich nach Autoritäten richten, so ist das Leben. Gleichzeitig haben dieselben Eltern wahrscheinlich sehr viel Angst davor, dass dieser berühmte Gruppendruck einsetzt und die Jugendlichen ihren Freundeskreis zur Autorität machen und da genauso gehorsam sind, wie die Eltern sich das ansonsten wünschen. Denn dann geht es schief, glauben die Eltern. Und das kann ja auch wahr sein.

Das Grundprinzip lautet hier aber: Man muss viel früher damit anfangen, mit seinen Kindern zu üben, und dazu muss man in den Dialog gehen. Das kann so aussehen: »Was denkst du?« »Also, ich möchte gern zu Paul.« »Ja, ich weiß, dass du gern möchtest. Aber in meinem Kopf gibt es dich und deinen Freund, die Hausaufgaben und den Geburtstag deiner Großmutter. Hast du einen Vorschlag, wie du das alles unter einen Hut kriegen kannst?« »Ich will einfach jetzt zu Paul.« »Okay, so schnell kann ich nicht denken, dafür bin ich zu alt ...« Es geht darum, dass man irgendeinen Entscheidungsprozess in Gang setzt. Wenn das für die Kinder möglich ist, bekommen die Eltern auch dieses berühmte Vertrauen: »Also, mein Kind kann eigentlich selbst denken.« Diese Erkenntnis ist für viele Eltern ja eine große Überraschung.

Und spätestens, wenn die Kinder in die Pubertät kommen und fragen: »Darf ich?«, sollten die Eltern sagen: »So läuft es nicht mehr bei uns. Ich bin nicht mehr Richterin oder die Polizei – jetzt bist du dran. Ich sage dir gern meine Meinung, aber erst will ich wissen, was du denkst. Weil du dich selbst fragen musst: Kann ich das, oder kann ich das nicht? Und dann höre ich gern deine Entscheidung, und ich sage dir gern meine Meinung dazu.« Und dann kommt das Wichtigste: »Und wenn du irgendetwas nur aus dem Grund, dass ich nein sage, machst, ist die Hölle los! Weil es nicht geht, dass du nur mit meiner Führung überleben kannst. Du musst auch mit deiner eigenen Führung überleben.«

Fehler sind gut!

Eltern haben oft Angst, dass sie etwas falsch machen könnten. Und irgendwie gibt es seit einigen Jahren so eine Art Uniformierung von jungen Eltern – die sagen alle dasselbe. Wenn diese Eltern zu mir sagen, dass sie Angst haben, dass sie alles falsch machen oder dass sie Fehler machen, dann antworte ich normalerweise, dass sie diese Angst ruhig haben können, denn sie machen auf jeden Fall Fehler. Die gelungensten Eltern, die ich kenne, machen so etwa fünfzehn bis zwanzig ernsthafte Fehler pro Tag, und wenn man einen Durchschnitt von dreißig Fehlern täglich hat, kann man mit ruhigem Gewissen schlafen. Bei über vierzig, fünfzig Fehlern sollte man sich wahrscheinlich ein bisschen Unterstützung holen. Diese Angst, Fehler zu machen, basiert ja auf einer vollkommen unrealistischen Vorstellung – nämlich der Annahme, dass es überhaupt möglich ist, keine Fehler zu machen. Aber das ist nicht möglich!

Manchmal kommt noch hinzu, dass die Eltern den Eindruck haben, dass in der Kita oder in der Schule alles super ist und zu Hause alles schiefläuft. Und es ist meiner Ansicht nach auch eine Aufgabe der Pädagoginnen und Erzieherinnen, mit den Eltern in einem ehrlichen Austausch zu sein und auch offen über die eigenen Fehler zu sprechen. Denn es ist natürlich nicht so, dass die Fachleute immer alles richtig machen und die Eltern nicht. Das bedeutet nicht, dass die Pädagoginnen gleich ihren kompletten Fehlerkatalog ausstellen sollten. Aber sie sollten im Gespräch mit Eltern auch diese Unsicherheit –

die es ja auch bei ihnen und anderen Fachleuten gibt – zeigen. Ich war schon sehr oft als Supervisor in Kindertagesstätten, und es tut mir immer ein bisschen weh, wenn die Fachleute mit mir reden und sagen: »Ich habe mit diesem Kind die und die Probleme« oder »Ich habe mit dieser Mutter die und die Probleme«. Ich denke dann immer: Warum sagen die mir das? Warum sagen die das nicht den Eltern oder den Kindern? Dann wäre es nämlich möglich, dass ein Dialog entsteht. Aber oft wollen die Pädagoginnen und Pädagogen irgendetwas von mir haben, was sie den Eltern gegenüber unverwundbar macht. Und das mag ich nicht, weil ich glaube, dass wir so – auch gegenüber den Kindern – diese Welt schaffen, in der es um richtig und falsch geht. Und meiner Erfahrung nach ist das Leben nicht so simpel.

Das Leben ist mehr als richtig oder falsch

Grundsätzlich sollte man sich – als Eltern und auch als Erzieher oder Lehrerin – folgender Tatsache bewusst sein: Wenn man sich gemeinsam hinsetzt und über ein Kind spricht, spricht man eigentlich über zwei ganz unterschiedliche Kinder. Denn die Erzieherin sieht nicht dasselbe Kind wie die Eltern. Man kann da voneinander lernen, man kann sozusagen sein Bild komplettieren. Aber dafür müssen eben auch die Pädagogen ihre Unsicherheit offenlegen und zum Beispiel sagen: »Ja, wir haben auch nicht richtig gewusst, was wir damit machen sollen.«

Kinder kooperieren ja nicht nur mit den Eltern, sondern auch mit den Kitas und der Schule. Und es gibt einiges, das sie dort blitzschnell übernehmen. Als mein Enkel etwa ein Jahr in der Kita war, hatten wir so eine Situation miteinander, bei der es ewig hin und her ging. An einem Punkt hat er sich dann endlich entschieden, und da hat er ganz bestimmt gesagt: »Und darüber gibt es nichts mehr zu diskutieren!« Das hatte er in der Kita gelernt, das hatte irgendein Erwachsener dort gesagt, und es hatte ihm gut gepasst, weil es so definitiv war. Und irgendwie muss man solche Aussagen als Kind auch »schmecken«.

Diese Doppel-Sozialisierung ist für Kinder zwar durchaus möglich, aber sie ist auch viel Arbeit für sie. Je mehr die Erzieherinnen und Pädagoginnen lernen, dass es einen großen Unterschied zwischen Kita und Familie gibt, desto bessere Ratgeber werden sie für die Eltern. Man kann Konflikte zu Hause nicht so lösen wie in der Kita, da muss es anders sein.

Gespräch mit Jesper Juul zum Thema Diskussionen in der Familie

Mutter: Mich beschäftigt die Frage nach dem Dialog. Wo fängt man an zu diskutieren, und wo hört man auf? Also, wenn ich morgens früh unter Zeitdruck meinem Kind klarmachen muss, dass es sich bitte anziehen soll, weil wir es eilig haben – und abends beim Zähneputzen hört das Ganze erst auf –, dann ist das für mich sehr schwierig, weil ich es unglaublich anstrengend finde. An welchen Punkten kann ich auch einfach mal sagen: »Schluss, es ist jetzt so. Punkt.« Und wo kann ich mir tatsächlich Zeit lassen, zu diskutieren?

Jesper Juul: Zum ersten Teil Ihrer Frage möchte ich sagen: Es gibt einen ganz wichtigen Unterschied zwischen Dialog und Diskussion. Und es geht hier nicht um Diskussion, ich sage nicht, dass man mit seinem Kind immer diskutieren soll. Es ist richtig, was Sie sagen – Diskussionen und Verhandlungen können mit den Kindern heute bis in alle Ewigkeit gehen. Und das würde ich nicht empfehlen, denn es bringt nichts. Mein kleines Buch *Grenzen, Nähe, Respekt* heißt im Original: »Hier bin ich! Wer bist du?« Diese Worte bilden den Kern aller sinnvollen Kommunikation. Das kann sich dann zum Beispiel so anhören: »*Ich* möchte gern deine Zähne putzen, *ich* glaube, dass das sehr wichtig für dich ist. *Du* willst das nicht – und jetzt weiß ich nicht, was wir machen sollen. Kannst du mir helfen?« Dann sagt ein Zwei-, Dreijähriger: »Ich will einfach nicht.« »Ja, das habe ich längst verstanden. Aber du musst mir irgendwie helfen, denn ich will das, und du willst das nicht.« Das passiert einmal, zweimal oder fünfmal, und dann kommt das Kind und sagt: »Also, es tut immer weh, wenn du das machst.« »Okay, vielleicht kann es jemand anderes machen.« »Nein, dann möchte ich es selbst machen.« Und dann kann man sagen: »Oh, das ist eine gute Idee! Jetzt hast du es selbst gemacht, darf ich fertig machen?« Und beim ersten Mal darf man das natürlich nicht – aber vielleicht schon beim zweiten Mal. Und so funktioniert es – nicht mit Strategie.

Ich habe ein Sprichwort erfunden: Wenn nichts anderes hilft, dann versuch es mit der Wahrheit. Und die Wahrheit in diesem Beispiel lautet: »Ich glaube, dass das Zähneputzen wichtig ist – und du willst es nicht. Jetzt weiß ich nicht, was ich tun soll. Weil ich dich eigentlich nicht zwingen will. Mir wäre eigentlich am liebsten, dass du das alles toll findest, aber das tust du nicht. Was nun?« Das macht auf Kinder einen Rieseneindruck. Und dann kann man am nächsten Tag sagen: »Wie geht es dir heute? Willst du die Zähne geputzt haben, oder willst du heute auch nicht?«

Wenn man Kinder dazu einlädt, nein zu sagen, werden sie oft ganz ruhig und sagen ja. Und das gilt für Menschen jeden Alters. Wenn wir in einer Beziehung sind, müssen wir wissen, dass es möglich und erlaubt ist, nein zu sagen. Wenn wir das nicht erleben, können wir nie richtig ja sagen. Diese Möglichkeit muss es also geben. Und wenn man keine Zeit hat, dann ist es ja einfach, dann sagt man das einfach: »Ich habe jetzt keine Zeit, mit dir darüber zu reden. Morgen ist es hoffentlich anders. Gute Nacht.«

Machen Sie nicht so ein riesengroßes Ding mit den kleinen Kindern! Auch mit dem Essen wird viel zu viel Stress gemacht. Kann man ein ganzes Jahr mit Spaghetti Bolognese überleben, wenn man vier Jahre alt ist? Ja, man kann das sehr gut überleben, das ist überhaupt kein Problem! Sollte man auch? Ja, warum nicht? Es ist für alle einfach. Spaghetti Bolognese kann man im Zehn-Liter-Topf machen und immer im Gefrierfach haben, das macht das Leben sehr einfach. Und dann hat man viel mehr Zeit, mit den Kleinen Zähne zu putzen.

Was ich gern sagen möchte, ist, dass Eltern verstehen müssen, dass ihr innerer Druck – »Ich muss eine richtige Mutter sein«, oder »Ich muss ein richtiger Vater sein« – bei dem Kind ankommt als: »Ich bin kein richtiges Kind.« Wenn ich aus diesem Druck heraus handle, muss ich immer irgendetwas mit dem Kind machen, um zu beweisen, dass ich eine gute Mutter oder ein guter Vater bin. Stellen Sie sich vor, wir würden das als Erwachsene miteinander machen. Dass ich, wenn ich mit einer Frau ausgehe, die ganze Zeit dumme Witze über sie machen muss, weil die anderen mich sonst nicht als richtigen Mann erleben.

So denken Eltern ja: »Was wird der Arzt sagen, wenn ich da ankomme und mein Kind wiegt fünfzehn Gramm zu viel oder fünfzehn Gramm zu wenig?!« Also sage ich ihnen: »Entspannen Sie sich!« Ich sage nicht, dass Sie faul oder gleichgültig sein sollen! Aber sich entspannen und sagen: »So verdammt wichtig ist das alles wirklich nicht« – das empfehle ich sehr.

Gespräch mit Jesper Juul zum Thema Kinder vor Druck schützen – ja oder nein

Mutter: Ich habe eine Frage zum Thema Druck. Wir haben unseren Sohn – der ist mittlerweile sechs – nach einigen Vorkommnissen aus dem Kindergarten genommen. Eine Situation war zum Beispiel, dass ich gesagt habe: »Lars, du bist so krank, du bleibst heute zu Hause«, woraufhin er gesagt hat: »Mama, ich kann nicht zu Hause bleiben, ich muss das Gebastelte dann nacharbeiten.« Wir haben ihn dann noch wegen anderer Dinge aus der Einrichtung genommen und in eine andere gegeben. Er ist dort sehr glücklich, und die arbeiten so, wie wir es uns vorstellen. Aber dann wurde der äußere Druck auf ihn sehr groß – nicht von der Verwandtschaft, sondern von der Nachbarschaft. Und irgendwann kam er weinend vom Spielen und hat gesagt: »Mama, ich geh wieder in den alten Kindergarten, ist egal, was da ist. Die sollen mich in Ruhe lassen, die fragen mich alle, warum ich da nicht mehr bin.« Gefragt haben ihn die Mütter, nicht die Kinder. Für mich war das ganz schrecklich, ich habe dann aber beschlossen, mein Kind zu stärken und mich nicht mit den Müttern auseinanderzusetzen. Jetzt stehen wir vor der neuen Herausforderung – die Schule. Er wird nicht in unsere Schule im Ort gehen, sondern in eine andere Schule, die wir einfach wegen ihrer Pädagogik für sehr gut halten. Jetzt überlege ich die ganze Zeit: »Was tue ich jetzt? Jetzt habe ich in der Nachbarschaft sieben Kinder, die eigentlich mit ihm in eine Klasse kämen – und wir gehen diesen anderen Weg.« Er freut sich auf diese Schule, er hat gesagt: »Mama, ich will eine Schule, die so ist wie mein neuer Kindergarten.« Und diese Schule haben wir Gott sei Dank für ihn gefunden. Jetzt stehe ich vor der nächsten Herausforderung: Gehe ich jetzt immer mit ihm zu diesen Kindern, wenn er spielen möchte, um ihn zu schützen, wenn die Mütter kommen? Ich habe ihm gesagt: »Lars, ich sag dir eins, wenn du jetzt im Herbst in die andere Schule kommst und dich irgendwer fragt, schick sie zu mir. Sag ihnen: ›Ihr müsst meine Mama fragen.‹« Was tue ich? Lass ich ihn nicht mehr mit den anderen Kindern spielen, obwohl er ab und zu ganz gern mit ihnen spielt? Oder muss ich immer mitgehen? Was tue ich da am besten für mein Kind, um ihm diesen Druck zu nehmen?

Jesper Juul: Zuerst muss ich wissen: Hat Lars Humor?

Mutter: Ja!

Jesper Juul: Gut, denn den braucht er. Mit dieser Geschichte mit den anderen Müttern haben Sie vollkommen recht. Mütter sind manchmal furchtbar – untereinander. Und das erstreckt sich über alle Themen, das folgt keiner Logik. Ich würde das mit dem »Ihr müsst meine Mama fragen« noch ein bisschen stärker machen, er könnte auch sagen: »Fragen Sie bitte meine Mutter, die ist meine Managerin. Ich kenne meine Pläne nicht.«

Hier sprechen wir ja über wirkliche Konsequenzen. Er wählt, seine Eltern wählen, und das bringt hoffentlich einen Haufen Vorteile – aber man muss auch einen Preis dafür zahlen. So ist das, und das ist ja eine ausgezeichnete Möglichkeit für ein Kind, damit anzufangen, sich zu positionieren. Man kann mit Kindern wunderbar ein Frage-und-Antwort-Spiel spielen, das geht so: »Okay, das denken die anderen – was denkst eigentlich du?« »Ja, ich denke das nicht, aber die anderen …« »Aber jetzt möchte ich wissen, was *du* denkst.« Sodass wir immer beides haben: Die anderen denken dieses – und ich denke jenes. Und er muss gar nicht immer das machen, was er selbst denkt. Wir sagen gern: »Du musst deinem eigenen Bauch folgen oder deinem Herzen«, aber das können wir ja nicht immer. Manchmal will man auch diese Sicherheit haben, die es in der Konformität gibt, und sagen: »Ich gehe einfach mit, ich kann nicht immer ein Unikat sein. Manchmal will ich einfach nur mitmachen und mitspielen.« Und das ist eine

Riesenmöglichkeit für Ihren Sohn, ab und zu mal zu überlegen: »Was ist eigentlich für mich wichtig?«

Jetzt hoffen alle, dass diese Schule richtig ist. In zwei Jahren wissen wir, ob sie das auch ist. Und wie viel will er dafür zahlen? Es geht nur um diese Überlegungen, um das Reflektieren. Nach meinen Beobachtungen werden viele Kinder heute mit Lösungen getröstet. Ein Dreizehnjähriger hat mal zu mir gesagt: »Ich kann meinen Eltern nicht sagen, dass ich Schwierigkeiten habe. Weil die immer gleich hyperaktiv werden. Die müssen immer etwas damit machen.« Es ist sehr wichtig, dass man einem Kind – und besonders einem Jungen, denn Jungen sind im Moment überhaupt nicht beliebt – sagen kann: »Ja, das tut weh.« »Aber, Mama, kann man da nichts machen?« »Nein, eigentlich nicht.« »Ja, aber es ist so schwierig!« »Ich weiß, es ist furchtbar schwierig. Du kannst hier zehn Minuten bei mir sitzen, aber ich kann es nicht einfacher für dich machen. Das geht nicht.« Das brauchen sehr viele Kinder.

Wir haben jetzt zwei, drei Jahrgänge von Jugendlichen gesehen, die keine Lebenskompetenz besitzen, weil sie immer geschützt waren, immer überbehütet waren. In Skandinavien nennt man sie »Wattekinder«. Es ist sehr wichtig, dass Schwieriges auch einfach mal sein darf. Und Ihr Sohn kann gut denken, er drückt sich gut aus, und er hat auch Humor – damit kann er viel Geld verdienen.

Ich treffe so oft Eltern, die *unheimlich* viel für die Schule machen. Und dann kommt plötzlich eine neue Lehrerin, die die Tochter nicht richtig sieht, und dann wollen die Eltern eine neue Schule finden und an einen neuen Ort ziehen und so weiter. Ich sage dann: »Warum? Ihr Kind hat fünf Lehrerinnen, und davon ist nur eine einzige eine Idiotin. Das ist ja ein Lottogewinn, das ist wunderbar!« Denn man muss ja auch lernen, wie man mit Idioten umgeht. Wir treffen alle sogenannte Idioten – das heißt, Menschen, mit denen es nicht nur klick macht. Und dann muss man wissen, wie man mit denen umgehen kann. Das schadet einem Kind überhaupt nicht. »Ja, aber eine Stunde am Tag leide ich darunter.« »Ja, okay, vielleicht solltest du dir ein Pflaster mitnehmen.«

Mutter: Herzlichen Dank!

6

Respekt vor der Leistung der Kinder

Ich habe gerade von meinem Enkel und seiner Kita gesprochen. Die meisten Kinder überkooperieren – auch in den Kitas und in der Schule. Es gibt große Unterschiede von Kita zu Kita und von Schule zu Schule, aber irgendwie ist in allen mehr Kollektivismus nötig als in Familien. In allen Institutionen müssen die Kinder verschiedene Dinge mehr oder weniger zur selben Zeit und auf dieselbe Art und Weise machen. Das machen die Kinder so mit, und manchmal merkt man in einer Kita oder Schule gar nicht, wie viel Arbeit das für ein Kind ist. Die Kinder, die so einfach sind und sich so gut anpassen und mitmachen, fragt man ja meistens nicht, wie es ihnen damit geht. Es kommt selten vor, dass jemand zu diesen Kindern geht und sagt: »Hör mal, wir sind mit dir wirklich sehr, sehr zufrieden. Aber ich denke manchmal darüber nach, ob du eigentlich auch mit uns zufrieden bist oder ob es hier irgendetwas gibt, dass dir eigentlich nicht passt?« Das wäre aber für manche Kinder eine gute Frage.

Die meisten Eltern haben das auch schon erlebt: Wenn man die Kinder ab einem gewissen Alter mal übers Wochenende bei den Großeltern abliefert, dann stehen danach beim Abholen alle zufrieden da – Eltern, Großeltern und Kinder –, und man sieht, dass sie ein wunderbares Wochenende miteinander gehabt haben, und die Großeltern sagen: »Die Kinder waren so nett und so lieb, es ist alles so gut gelaufen.« Und nach zehn Minuten im Auto bricht die Hölle los, und man fragt sich, warum das so ist. Dabei wissen wir ja eigentlich, dass es harte Arbeit ist, zwei Tage mit unseren Eltern zusammenzuleben. Das hat nicht unbedingt etwas mit unseren Eltern zu tun – wir sind ja alle nicht einfach, wenn man täglich mit uns leben muss! Es ist einfach so: Kinder überkooperieren. Und wir können nur hoffen, dass sie es nicht zu sehr tun.

Wir kriegen ja nur mit, wenn sie wirklich nicht mehr kooperieren. Und dann macht es für ein Kind einen Riesenunterschied, ob zum Beispiel Eltern und Pädagoginnen zusammensitzen und sagen: »Die letzten paar Monate war er unmöglich, und wir haben uns gefragt, womit er kooperiert, was da los ist.« Das ist für Kinder sehr angenehm, weil sie dann wissen: »Aha, jetzt nehmen die mich ernst. Jetzt respektieren sie mich.« Wenn die Erwachsenen aber nur darüber sprechen, wie sie das Kind wieder »normal« machen können, dann ist das nicht so gut. Das ist ja das Problem mit unseren Kitas, dass sie eigentlich diese genormten Kinder haben wollen, die überall reinpassen – und das gilt auch für die Eltern. Es gibt kaum Toleranz für Individualität.

Erwachsenenfreie Zonen und erziehungsfreie Zeit

Gleichzeitig haben die meisten Kinder keine erwachsenenfreien Zonen in ihrem Leben. Sie sind immer von Erwachsenen umgeben – und dazu kommt noch, dass die Erwachsenen sich immer wertvoll fühlen und nützlich machen wollen. Wenn die Erwachsenen dauernd etwas *mit ihnen* und *für sie* machen, belastet das die Kinder. Und wenn sie könnten, würden sie wahrscheinlich sagen: »Können wir bitte einfach mal eine Pause haben?« Ich meine das ganz im Ernst, ich habe mich viel mit dem Thema beschäftigt.

In Nordeuropa fing das Anfang der neunziger Jahre an, da haben die Schulen gesagt, dass die Kinder, die in die Schule kommen, keine soziale Kompetenz haben. Merkwürdigerweise hat man das nicht an die Kitas herangetragen und gefragt, was dort passiert. Das Konzept der Kindertagesbetreuung war ja eine große Änderung im Leben von Kindern, plötzlich haben Kinder Tausende von Stunden ihres Lebens in einem Kindergarten verbracht. Und die ganze Idee hinter dem Konzept Kindergarten ist ja eigentlich, dass den Kindern soziale Kompetenzen vermittelt werden sollen. Aber vielleicht funktioniert das gar nicht so, wie man sich das vorgestellt hat. Meine Generation hat neunzig Prozent ihrer sozialen Kompetenz gelernt, wenn keine Erwachsenen dabei waren. Das war zwar nicht immer schön, und ich glaube, unsere Mütter können froh sein, dass sie das nicht alles mitgekriegt haben – die hätten sich oder uns wahrscheinlich umgebracht.

Es gibt ja Kitas, die viel mehr Raum und viel mehr Verständnis dafür haben – die haben meistens auch einfach mehr Platz. In Norwegen ist es oft so, dass die Kitas so ein Stückchen Wald haben. Da gehen die Kinder hin, und dann wissen die Erwachsenen, dass sie da nicht mitgehen sollen. Dann wollen die Kinder allein ihr Ding machen. Das fordert natürlich eine gewisse Selbstdisziplin von den Erwachsenen.

Man sollte immer im Hinterkopf haben, dass Erziehung eine rund um die Uhr gesendete Botschaft an die Kinder ist, bei der diese unter anderem hören: »Meine Eltern sind noch nicht mit mir zufrieden.« Und das ist sehr destruktiv. Es ist mir deshalb wirklich ernst, wenn ich sage: *Versuchen Sie, weniger zu erziehen. Und* versuchen Sie mehr, die Kinder einfach nur zu genießen. Das hört sich wahrscheinlich ein bisschen romantisch an, aber es ist nicht so schwierig. Wir haben das ja alle so gemacht, als unsere Kinder gerade geboren waren. Die meisten Eltern können sich erinnern, dass sie die ersten vierundzwanzig Stunden nicht dasaßen und gesagt haben: »Hm, was kann ich hier die nächsten paar Jahre korrigieren? Ein bisschen hier, ein bisschen da …« Doch später kam das dann – und leider kommt es inzwischen früher und früher.

Ich war bei einer Talkshow in Schweden eingeladen, bei der die Eltern auch anrufen konnten, und da haben zwei Mütter mit ein paar Monate alten Babys angerufen und gefragt: »Wie kann ich für mein Kind die richtigen Grenzen setzen?« Das ist wirklich Wahnsinn! Wir sprechen viel zu viel darüber, dass Kinder Grenzen brauchen, aber das Leben von Kindern war in unserer Geschichte noch nie so begrenzt, wie es heute ist. Wir sprechen viel zu wenig darüber, dass Kinder Grenzen *haben*! Und natürlich ist das die große Herausforderung, wenn man als Pädagogin mit zwanzig, dreißig Kinder zusammen ist. Da kann man eine gewisse Individualität erlauben und auch genießen, aber die Möglichkeiten sind da einfach begrenzt. Und vielleicht kommen manche Kinder nach der Kita einfach nach Hause und atmen erst einmal aus und denken: »Jetzt bin ich endlich frei!«

Was Kinder betrifft, die zum Beispiel mit ADHS diagnostiziert werden, kann es gut sein, dass es einen Zusammenhang gibt mit diesem Phänomen, dass Eltern ständig überall sind und dass sie sich schon mit den Kleinsten permanent beschäftigen müssen. Diese Diagnosen beziehungsweise die Kinder mit diesem Verhalten hat es allerdings im Prinzip schon immer gegeben. Ich kenne viele Erwachsene, die ADHS-Kinder waren und die es noch immer sind. Damals hat man das aber nicht gewusst, sie haben also keine Diagnose bekommen. Sie haben eine furchtbare Schulzeit gehabt, aber als Erwachsene machen sie es viel besser als die Kinder, die wir heute behandeln. Bei den erwachsen gewordenen ADHS-Kindern der letzten Jahre gibt es zumindest in den skandinavischen Ländern einen unheimlich großen Anteil, der ins Gefängnis kommt oder versucht, sich umzubringen. Unser Erfolg ist also sehr gering, und das ist traurig.

Was die permanente Beschäftigung mit unseren Kindern betrifft, ist es tatsächlich so, dass wir etwa siebzig Prozent von dem, was wir zu unseren Kindern sagen oder was wir mit ihnen machen, eigentlich für uns selbst tun – und nur dreißig Prozent für die Kinder. Das ist nicht besonders schlimm, es ist sogar okay – wenn man sich dessen nur bewusst ist. Aber wenn man glaubt, dass diese siebzig Prozent, die man eigentlich für sich selbst, für das eigene Selbstbild, für das eigene Gewissen, für das eigene Image und so weiter tut, auch gut für die Kinder sind, dann haben die Kinder Probleme.

Die Niederländerin Maria Aarts hat viele schöne Filme mit sogenannten Schreikindern gemacht. Da haben die armen Eltern nur das befolgt, was die Gesellschaft damals in den achtziger Jahren gesagt hat: dass Kinder unbedingt zwei Eltern haben müssen, dass die Väter unbedingt mitmachen müssen und so fort. Da stehen dann bei einem drei, vier Monate alten Kind, dem man die Windeln wechseln muss, beide Eltern da, und der eine redet und die andere wechselt Windeln. Das arme Kind versucht zuerst, mit den Augen zu signalisieren: »Pause bitte!« Das funktioniert nicht, und dann signalisiert es das Gleiche, indem es den ganzen Kopf wegdreht. Die Eltern drehen dann den Kopf zurück – und dann fangen die Kinder an, zu schreien. Dann sagen die Eltern: »Mein Gott, unser Kind schreit immer. Wir machen doch alles richtig.« Vielleicht machen sie auch alles richtig, aber wenn sie nur zwanzig Prozent davon machen würden, wäre es viel besser! Denn diese hundert Prozent bedeuten eine Überstimulierung.

Die Grenze zwischen Stimulation und Überstimulation

Diese Gefahr besteht auch in den Kitas. Die Aufgabe der Kitas ist ja eigentlich, die Motorik, die Sprache, die soziale Entwicklung, die Kreativität und alles Mögliche zu fördern und zu stimulieren. *Das heißt aber, dass wir im Moment überall in Europa Kinder haben, die jeden Tag um vierzehn Uhr überstimuliert sind.* Diese Kinder kommen nach Hause und sind außer sich – sie sind nicht mehr mit ihrem Selbst in Kontakt, und sie finden allein keinen Weg zurück zu sich. Und wenn die Eltern dann glauben, dass sie mit dieser Stimulierung weitermachen müssen – dann geht das schief!

Es gibt da einen einfachen Trick, denn mit drei, vier, fünf Jahren kommen diese Kinder ja zu den Eltern und sagen in diesem quengeligen Ton: »Mir ist langweilig!« Meine Eltern haben immer gesagt: »Intelligente Menschen langweilen sich nie« oder irgend so einen Quatsch – ich weiß nicht, was die Eltern heute sagen. Die richtige Antwort lautet: »Herzlichen Glückwunsch! Ich bin gespannt, was du in zwanzig Minuten machst.« Denn so lange dauert es – zwischen zehn und zwanzig Minuten –, und dann wechseln die Kinder von äußeren zu inneren Stimuli. *Das* bedeutet Kreativität. Man kann den ganzen Tag in der Kita mit Fingern malen, ohne kreativ zu sein – das hängt nicht miteinander zusammen. *Kreativität kommt von innen.* Wenn man nicht nach innen gehen kann, wird es schlimm, und um nach innen zu gehen, muss man allein sein. Man muss allein in seiner Krippe liegen oder auf dem Boden oder auf dem Tisch oder wo auch immer – *Hauptsache allein und ungestört.* Aber die heutigen Eltern haben so viel Druck auf das Thema Aufmerksamkeit gelegt, dass die Kinder viel zu viel davon bekommen. Und das heißt natürlich auch, dass die Eltern viel zu wenig Aufmerksamkeit für sich selbst und füreinander haben, und das ist im Moment ein Teufelskreis.

Und die Schulen merken es ja auch – bei denen heißt es, die Kinder können nicht ruhig sitzen, und sie können sich nicht konzentrieren. Man kann viele Schulen kritisieren – ich mache das oft –, aber es bleibt die Tatsache, dass wir jetzt einige Jahrgänge von Kindern in den Schulen gehabt haben, die tatsächlich überstimuliert waren. Diese Kinder sind nicht in der Lage, diese Wechselbewegung – jetzt bin ich bei mir, jetzt bin ich im Außen, und jetzt gehe ich wieder zurück zu mir – zu vollziehen. Ich habe gemeinsam mit anderen Fachleuten einen Verein gegründet, der hat den feinen Namen »Die neunte Intelligenz«. Da geht es um die existenzielle Intelligenz, also einfach um Lebensfähigkeit. Wie können wir diese bei Kindern fördern?

Die neunte Intelligenz

Die neunte Intelligenz, oder existenzielle Intelligenz, ist die Intelligenz des Herzens, mit der man seine innere Natur entdeckt, ihr begegnet und sie wiedererkennt. Das Konzept von Howard Gardner, einem US-amerikanischen Erziehungswissenschaftler, unterschied ursprünglich acht Intelligenzformen: sprachlich, musikalisch, logisch-mathematisch, räumlich (Fähigkeit, die sichtbare Welt wahrzunehmen), körperlich-kinästhetisch (Beherrschung, Kontrolle, Körperkoordination), intrapersonal (eigene Impulse verstehen und kontrollieren), interpersonal (andere Menschen verstehen und einfühlsam kommunizieren), naturalistisch (lebendiges Beobachten und sensibel sein für Naturphänomene). In neuerer Zeit verweist er auf eine neunte Form der Intelligenz, die existenzielle Intelligenz. Unser Verein wurde inspiriert von Howard Gardner.

Wir haben zum Beispiel in einer Sonderschule eine Gruppe von sehr schwierigen Kindern mit ADHS und allen möglichen Diagnosen gehabt, und die haben über den Zeitraum von einem Monat jeden Tag zweimal zehn Minuten lang nur eins gelernt: Wie man atmet – so ein richtiges altmodisches Yoga-Atmen. Die Kinder haben dabei ganz große Augen gehabt, und sie haben gesagt: »Jetzt kann ich auch Mathematik lernen, weil ich jetzt gelernt habe, wie man atmet.« Normalerweise kommen die Kinder ja alle zur Schule und atmen nur ganz weit oben, die hyperventilieren fast schon. Wenn wir wirklich Kitas behalten wollen – und ich glaube, das wollen wir oder zumindest die Politiker –, dann müssen wir mit den Kitas sprechen und sagen: »Okay, Stimulation war damals, und man kann das auch weiter machen. Aber wir müssen aus unseren Erfahrungen lernen!«

In Dänemark haben wir viele Waldkindergärten, und diesen Kindern geht es im Durchschnitt sehr viel besser, auch später in der Schule und in Hinblick auf ihre sozialen Kompetenzen. Denn die Kinder haben dort mehr Platz, weniger Erwachsene und mehr Zeit miteinander. Und sie können auf Bäume klettern, unter denen keine fünfzig Zentimeter dicke Gummischicht liegt. Die Zweijährigen können einander beißen, weil niemand es sieht. Das heißt, wir haben auch keine hysterischen Eltern, die abends miteinander telefonieren und sagen: »Dein Sohn hat meine Tochter gebissen! Das will ich nicht!« Das Leben im Wald darf wehtun. Man darf frustriert sein.

Frustration ist einer der wichtigsten Anteile von Lernen. Wir müssen im Kopf behalten, dass Kinder wie Forscherinnen lernen, nicht wie Schülerinnen. Sie müssen immer etwas ausprobieren, und sie müssen manches zwanzigmal ausprobieren. Das bedeutet, dass man zwanzigmal frustriert sein muss. Wenn man aber Eltern hat, die keine Frustration ertragen, hat man ein Problem, denn dann kann man nicht lernen. Das heißt, die Eltern müssen – auch von den Fachleuten – lernen: Wann ist mein Kind frustriert, wann ist es also einfach nur nicht hundertprozentig happy? Und manchmal, vielleicht einmal im Jahr, ist mein Kind wirklich unglücklich, und dann braucht es mich. Aber die anderen neunundneunzig Mal braucht es mich überhaupt nicht, da kann ich ruhig Kaffee trinken gehen oder meine Partnerin lieben oder irgendetwas anderes Vernünftiges mit meinem Leben machen – statt immer bei meinem Kind zu sein.

Lernen von der Kompetenz der Kinder

Jetzt haben wir also kompetente Kinder – das bedeutet, dass wir auch Erwachsene brauchen, die auf eine gewisse Art und Weise kompetent sind. Ich habe es schon gesagt: In meiner Welt gibt es einen Riesenunterschied zwischen Pädagogik und Erziehung. Ich weiß, dass diese Unterscheidung leider selten gemacht wird. Dafür müssen viele Kinder sehr teuer bezahlen. Kinder können nur sechs, sieben Stunden Pädagogik am Tag vertragen. Sie erleben das so: »Pädagoginnen wollen immer etwas mit mir, ich muss mich immer entwickeln, ich muss immer etwas anders machen, ich muss immer anders sein – und das ist unerträglich! Aber wenn ich nach Hause komme, kann ich endlich Ruhe haben.« Das sagt überhaupt nichts Schlechtes über Pädagogik, das ist einfach eine Tatsache. Zu Hause muss es anders sein, die treibende Kraft in der Erziehung zu Hause ist Liebe. Die ist irrational und nicht logisch, sie hat alle möglichen anderen Qualitäten, und sie ist viel wärmer als Pädagogik. Pädagogik ist zwar nicht kalt, aber im Vergleich ist sie kühler.

Beziehungskompetenz bedeutet die Fähigkeit, ein Kind als Individuum wahrzunehmen – so, wie es ist. Das ist sehr wichtig, denn unser pädagogisches Selbstverständnis ist anders.

Nach diesem sollten wir uns eigentlich nicht damit beschäftigen, wie das Kind ist, sondern damit, wie es in Zukunft sein soll. Was muss es zum Beispiel bis zum Ende des Schuljahres lernen? Und darauf richten wir unser Verhalten aus. Das ist genau das Gegenteil von dem, was in der Schultradition von den Kindern verlangt wird: »Du musst deine Lehrerin so, wie sie ist, wahrnehmen und dein Verhalten darauf ausrichten.«

Beziehungskompetenz heißt nicht, die Führung abzugeben. Wir sprechen hier auch nicht über Reformpädagogik, über demokratische Schule oder über all die unterschiedlichen Möglichkeiten, eine andere Art von Familie oder Schule zu gestalten. Das alles hat nichts damit zu tun. Beziehungskompetenz befindet sich überhaupt nicht auf diesem Kontinuum, wo der autoritäre Ansatz auf der einen und der Laisser-faire-Ansatz auf der anderen Seite steht. Es gibt ja auf diesem Kontinuum vieles, aber nichts davon funktioniert besonders gut. Beziehungskompetenz ist ein eigenes Handwerk.

Jetzt kommt das Wichtigste: die pädagogische Ethik, also die Fähigkeit und die Bereitschaft, die volle Verantwortung für die Qualität der Beziehung zu übernehmen. Ich habe einen Vorschlag: Versuchen Sie, sich heute Abend oder morgen Früh allein (denn das sollte niemand hören) vor den Spiegel zu stellen, schauen Sie sich in die Augen und sagen Sie: »Ab heute übernehme ich die volle Verantwortung für die Beziehung zu meinen eigenen Kindern und zu den Kindern, mit denen ich arbeite.« Erwachsene haben gegenüber Kindern wahrscheinlich schon seit dem Mittelalter ein sehr schlaues moralisches Doppelspiel gespielt. Sie haben gesagt: Wenn meine Beziehung zu Kindern erfolgreich ist, dann ist das mein Erfolg – wenn nicht, sind die Kinder schuld. Das war in den Familien so, und das ist noch immer in vielen Familien so. Und das ist in allen Schulen so.

Diese Haltung macht so viele Kinder kaputt, das kann man sich gar nicht vorstellen! Zum einen, weil die Kinder überhaupt diese Verantwortung tragen müssen – und wir wissen ja, was passiert, wenn Kinder zu viel Verantwortung haben. Wenn zum Beispiel ein Elternteil chronisch krank, psychisch krank oder alkoholkrank ist, dann tragen die Kinder zu viel Verantwortung, und dann werden sie zu früh erwachsen, wie wir sagen. Das ist viel Arbeit für Kinder. Der entscheidende Punkt ist aber, dass wir hier nicht darüber sprechen, dass solche Kinder einfach Verantwortung übernehmen – sondern darüber, dass sie *Verantwortung in Form von Schuld übernehmen*. Das verkrüppelt Menschen täglich. Und die meisten Erwachsenen, die mit Kindern zusammenarbeiten, sind in dieser Hinsicht unverantwortlich. Diese Haltung ist sehr teuer – emotional, finanziell und in überhaupt jeder Hinsicht.

Gespräch mit Jesper Juul zum Thema Wie lange dürfen Jugendliche abends wegbleiben?

Tarek (14): Wie kann ich meine Eltern davon überzeugen, dass ich abends länger wegbleiben darf?

Jesper Juul: Das ist unmöglich. Damit meine ich, dass man seine Eltern nicht durch Reden überzeugen kann – man muss einfach länger wegbleiben. Das ist ja sehr oft ein Thema, und die Eltern sagen dann so etwas wie: »Nein, das geht nicht. Es muss so und so sein.« Das kann über Wochen, Monate, vielleicht über Jahre so gehen. Was die Eltern sehr selten bemerken, ist, wie viele Kompromisse die Kinder mit sich selbst machen, um gehorsam zu sein. Diese Kooperation kostet die Kinder wahnsinnig viel Energie, aber die Eltern sitzen da und erwarten sie einfach – als ob sie etwas Selbstverständliches wäre. Aber die ist überhaupt nicht selbstverständlich!

Gespräch mit Jesper Juul zum Thema Früherziehung

Vater: Wir haben zwei Kinder, zwei und drei Jahre alt, und wir sind der Meinung, dass Kinder die ersten Jahre einfach hier in der Welt ankommen sollen. Was sagen Sie den Eltern, die der Meinung sind, dass die Kinder Früherziehung – Musik, Englisch, Vorschule oder was auch immer – brauchen? Wie kann man damit umgehen?

Jesper Juul: Ich habe noch keinen seriösen Fachmenschen gesprochen oder gelesen, der gesagt hat, dass Kinder eine solche Früherziehung brauchen. Was Kinder brauchen, sind so viele Möglichkeiten zum Spielen, wie es nur geht. Und wenn das auch das Lernen einer Sprache beinhaltet, dann ist es wunderbar. Aber diese Frühförderung ist ja aus Amerika importiert, genau wie McDonalds, und sie hat ungefähr dieselbe Qualität und ungefähr denselben Zweck, nämlich: Geld zu verdienen.

Man kann das natürlich machen. Es gibt ja auch Kindergärten in Deutschland, in denen man jeden Tag Chinesisch spricht. Ist Chinesisch eine Sprache der Zukunft? Ja. Ist es also gut für Deutschland, wenn unsere Kinder Chinesisch lernen? Ja, unbedingt! Macht es vielleicht auch einigen Kindern Spaß? Ja, wahrscheinlich! Aber wenn das zu einer Uniform wird, dass man das so und so macht, oder wenn Eltern, die das nicht machen, schlechte Eltern sind – dann ist man zu weit gegangen! Dann stimmt da etwas nicht. Es gibt ja Kinder auf dieser Welt, die leben ausgezeichnet mit nur einer Sprache und auch ohne Schule. Dieses Konzept der Frühförderung kommt leider aus so einer neo-konservativen Richtung, die die europäischen Bildungsminister erfunden haben. Ich stelle mir immer vor, dass die vor acht, neun Jahren ein Wochenende in irgendeinem Schloss in Frankreich verbracht und da zu viel Cognac getrunken haben. Weil sie seitdem wirkliche alle dasselbe sagen, sie benutzen alle dieselben Phrasen. Das Ganze kommt auch von dieser Pisa-Psychose: »Deutsche Kinder müssen mehr Leistung bringen.« Die deutschen Kinder leiden unter einem Leistungsdruck, den man sich nicht vorstellen kann! Der macht es für die meisten unmöglich, zu lernen. Doch das sieht man natürlich nicht. Ich glaube, je mehr in unserer Gesellschaft von *Bildung* die Rede ist, desto mehr sollten Eltern am *Lernen* festhalten und sagen: »Das geht schon, die Kinder machen das ganz allein und in ihrem eigenen Tempo.« Und wenn die Politiker sagen, dass alles in maximal vier Jahren gelernt werden muss – unsere Kinder haben glücklicherweise achtzig Jahre Zeit. Es gibt viel Hysterie bei diesem Thema, und eigentlich geht es nicht wirklich um die Sache.

Mein Enkel kam mal zu mir und hat gesagt: »Ich will die Buchstaben kennenlernen.« »Wunderbar, dann fangen wir damit an.« Dann fragte ich ihn zwei Monate später: »Willst du noch immer Buchstaben lernen?« »Nein«, sagte er. »Warum nicht? Hast du schon alle gelernt?« »Nein, aber es ist langweilig.« Wenn ich mir das so anhören kann und weiß, so ist es einfach – dann geht es uns beiden wunderbar. Wenn ich das aber höre und sage: »Das ist ja furchtbar! Und die armen Eltern haben auch keine Zeit dafür. Jetzt übernehme ich! Komm her, jetzt setzen wir uns hin, und ich habe ein paar Bücher gekauft, die machen soooo viel Spaß …«, wenn ich also mit diesem Motivieren anfange, da kann ich alles, was bei ihm an natürlicher Lernlust vorhanden ist, zerstören – dann geht er nie an die Uni. Also bitte nicht dieses Programm!

Die Kitas haben in unserer Geschichte diese intellektuellen Fähigkeiten der Kinder wahrscheinlich ein bisschen vernachlässigt, weil diese als Gegenteil von Spiel gesehen wurden. Und meinetwegen können die in den Kitas auch gern so eine intellektuelle Förderung einführen. Aber Programme, bei denen alle mitmachen müssen – das ist aus meiner Sicht viel zu viel. Doch es ist schwierig, weil die meisten Kinder ja mitmachen. Und dazu möchte ich den Eltern und auch den Kitas und so weiter gern sagen: Interessant sind nicht die achtzig Prozent Kinder, die immer mitmachen – wirklich interessant sind die zwanzig Prozent, die nie mitmachen. Die brauchen uns. Die anderen schaffen es sowieso.

7

Gehorsam macht krank

Die Qualität der Beziehung zu den uns anvertrauten Kindern entscheidet maßgeblich darüber, ob Erziehung in der Familie, Kita und Schule gelingt. Im folgenden Kapitel möchte ich dies besonders in Bezug auf die Schule erläutern, denn es ist nun mal so: Ab dem Alter von sechs Jahren spielt Schule eine große Rolle im Leben von Kindern und Eltern.

Ich habe das Glück gehabt, viele Jahre in einer Gruppe ganz unterschiedlicher Fachleute zu arbeiten. Zu diesem Team, das etwa fünfundzwanzig, dreißig Jahre zusammengehalten hat, gehörten unter anderem Kinderpsychiaterinnen, Erwachsenenpsychiater, Sozialarbeiterinnen, Sozialpädagogen, Soziologinnen, Schulpsychologen und Lehrerinnen. Angefangen haben wir damals mit den wichtigsten Beziehungen, nämlich den Beziehungen innerhalb der Familie. Dann haben wir ganz schnell entdeckt, dass es ja überall Beziehungen gibt und dass sie alle wichtig sind. Wir waren oft in Kindergärten, Schulen und ähnlichen Institutionen eingeladen, um Probleme zu lösen oder Krisen zu begleiten. In den Schulen beispielsweise waren das oft Krisen zwischen der Schulleiterin und den angestellten Lehrern. Oft ging es dort auch um sogenannte »unmögliche« Klassen. Immer wieder ging es auch um die Frage: »Wie arbeiten wir am besten mit den Eltern zusammen?« Und natürlich ging es um einzelne Kinder, die aus verschiedenen Gründen in der Schule Schwierigkeiten hatten.

Ich selbst war anfänglich sehr an Familientherapie interessiert, weil ich in diesem Heim, in dem ich damals arbeitete, entdeckt hatte, dass es mit den Kindern und Jugendlichen einfach nicht geht – oder nicht gut genug geht –, wenn man die Familien nicht miteinbezieht. Später haben wir dann entdeckt, dass das eigentlich überall so ist. Unser Institut, das Kempler Institut, bietet, glaube ich, immer noch die einzige Ausbildung für Psychotherapeuten in Europa – wahrscheinlich auf der ganzen Welt – ohne akademische Ambitionen. Unsere Ambition war in all diesen Jahren, unsere therapeutischen Erfahrungen für Familien und für andere Handwerkerinnen im Erziehungsbereich zu übersetzen und zu sagen: Was kann man eigentlich daraus lernen? Denn das Bedürfnis nach guter Pädagogik, guter Begleitung und guter Beratung ist ja viel größer als das Bedürfnis nach Psychotherapie. Und mein Job war es da irgendwie, Vermittler zu sein.

Wir haben uns eine Frage gestellt: Was wissen wir? Wir haben jetzt zwanzig Jahre lang Lehrer und Lehrerinnen begleitet, in Gruppen, innerhalb ganzer Schulen, mit pädagogischer Entwicklung. Wir wissen nichts über Unterricht und über die

Fächer und so weiter. Unser Fokus liegt auf der sozialen und persönlichen Entwicklung von Kindern. Dieses Thema hat ja in den letzten zwanzig Jahren die Schulen und die Lehrerinnen sehr gestört – man sprach darüber, dass Kinder keine soziale Kompetenz mehr hätten. Das galt damals, und heute gilt es sogar noch mehr. Wir haben im Zusammenhang mit unserem Buch zweihundert Lehrende zu dem Thema befragt: »Was verstehen Sie unter sozialer Kompetenz?« Achtzig Prozent haben darauf geantwortet: »Disziplin und Gehorsam.« Andere haben gesagt: »Die Kinder sollen sich nur besser benehmen.« Und ein paar – vielleicht drei – haben sich auch ein paar Gedanken darüber gemacht und gesagt: »Sie sollten in kleinen Gruppen arbeiten können, sie sollten das und das können« und so weiter.

Schulen wollen Schüler*innen, nicht Kinder

Soziale Kompetenz war also plötzlich Thema, und die Schulen haben sich ständig über die Lieferanten – nämlich die Eltern – beschwert. Sie beschweren sich auch heute noch ständig über die Eltern. Die Schulen wollen eigentlich keine Kinder – sie wollen nur Lernende. Aber das ist vorbei, das geht heute nicht mehr. Natürlich hatten die Schulen Schwierigkeiten mit dieser Veränderung, und das soll von meiner Seite überhaupt keine Kritik an den Lehrenden sein. Ich habe aber eine Menge Kritik an den Schulen beziehungsweise an der Schulkultur – an diesen merkwürdigen Gebäuden und der Stimmung dort und daran, was als richtig und was als falsch angesehen wird.

Wir haben unsere Erfahrungen zusammengebracht, um Lehrerinnen und Lehrer bei ihrer Arbeit zu unterstützen. Wir arbeiten jetzt seit etwa fünfzehn Jahren sehr eng mit dem Dänischen Lehrerverband zusammen, um auch einzelnen Lehrenden zu helfen. Das sind meistens Menschen, die zusammengebrochen oder ausgebrannt sind. In den letzten Jahren sind das auch viele junge Leute, die aus dem Studium kommen und nach zwei, drei Jahren im Lehrberuf nur noch weg wollen und »Nie mehr!« sagen. Das ist ein interessantes Phänomen, und es hat vieles von dem, was wir geglaubt haben, bestätigt.

Um diese Entwicklung hin zu einer beziehungsorientierten Schule zu ermöglichen, die wir wahrscheinlich alle gern erleben möchten, müssen wir aufmerksam dafür sein, dass Lehrer und Kinder genau dieselben Bedürfnisse haben – als Menschen brauchen beide genau dasselbe. Um da weiterzukommen, müssen wir aber mit dieser Polarisierung aufhören, nach dem Motto: Auf der einen Seite steht das, was den Lehrenden dient – und auf der anderen Seite das, was den Kindern dient. In unseren Schulen werden Tag für Tag sehr viele Schüler verletzt, und es werden auch Tag für Tag sehr viele Lehrende verletzt. Und das sollte nicht passieren. Dieses Problem hat ausschließlich mit den Beziehungen innerhalb der Schulen zu tun – es hat nichts mit Regeln und all dem anderen zu tun. Es macht keinen Unterschied, ob man zwei oder drei Stunden mehr oder weniger Deutsch oder Sport hat. Auch die Schulstruktur hat nichts damit zu tun. All das ist auf einer anderen Ebene wichtig, aber auf der Beziehungsebene spielt es überhaupt keine Rolle.

In Skandinavien sind die Eltern den Schulen seit dreißig Jahren so zehn, fünfzehn Jahre in der Entwicklung voraus. Die Eltern dort haben einfach gesagt – und ich hoffe, dass die deutschen Eltern das auch einmal sagen werden: »Jetzt nicht mehr! Jetzt wollen wir anständige Schulen haben, wir wollen das einfach nicht mehr mitmachen!« Darüber haben die Lehrer und Lehrerinnen sich dann beschwert und gesagt: »Die heutigen Eltern sind so kritisch! Das wollen wir nicht, das ist unangenehm. Können wir nicht ein Gesetz dagegen erlassen?«

»Ruhe bitte!«

Wir haben uns also damit beschäftigt, was wir überhaupt über Menschen wissen. Was wissen wir über die mentale und soziale Gesundheit von Menschen? Die Lehrerinnen und auch die Pädagoginnen in den Kindergärten haben gesagt: »Wir wollen eigentlich immer gehorsame Kinder.« So war es ja auch für meine Generation, und ich möchte dazu sagen, dass das damals eine Notwendigkeit war. Die ganze Industriegesellschaft brauchte ja gehorsame Menschen, die keine Fragen stellen, sondern nur jeden Morgen um 7:30 Uhr kommen und nachmittags um 16:30 Uhr nach Hause gehen und keinen Ärger machen. Und dafür sind unsere Schulen eingerichtet. Doch diese Gesellschaft gibt es mittlerweile nicht mehr. Hinzu kommt, dass die Menschen davon krank wurden.

Das heißt, diese Pädagogik und diese Art von Erziehung innerhalb der Familien war in keiner Hinsicht erfolgreich – sie war eine Katastrophe! Das Einzige, was sie bewirkt hat, war: Es gab Ruhe – in den Schulen und zu Hause beim Abendessen. Aber in gesundheitlicher Hinsicht war das katastrophal. In meinem kleinen Land Dänemark leben fünf Millionen Menschen – 500 000 davon sind chronische Alkoholiker und Alkoholikerinnen. Wir haben in der Gruppe der Erwachsenen einen Verbrauch von legalen und illegalen Drogen, der tausendmal oder vielleicht sogar fünftausendmal größer ist als der Verbrauch unter Jugendlichen, über den wir immer sprechen. Aber die Jugendlichen sind in dieser Hinsicht kein Problem – die Erwachsenen dagegen sind ein sehr großes Problem. In Dänemark sind fünfundzwanzig Prozent der Erwachsenen schon ein- oder mehrmals mit Psychiatrie in Kontakt gekommen. Diese Liste könnte ich noch weiterführen. Man sieht also sehr deutlich, dass die damalige Art von Erziehung in dieser Hinsicht überhaupt kein Erfolg war.

Gehorsam macht krank. Bis zu einem gewissen Alter sind gehorsame Menschen sehr lieb und sehr einfach, man kann ihnen alles sagen, kann sie manipulieren – man kann mit gehorsamen Menschen alles machen. Aber dann, etwa im Alter von dreißig, fünfunddreißig Jahren werden sie krank. Ist Gehorsam nun also schlecht, oder ist er manchmal vielleicht – auch außerhalb der Armee – notwendig? Es ist wunderbar, wenn man gehorsam sein kann. Aber für Menschen ist es auch wunderbar, wenn sie selbst wählen können: Wem will ich gehorchen? Und wann? Denn darauf kommt es an. *Es kommt auf die Beziehungen an.*

Respekt sät Respekt

Wir haben als Erwachsene keine Autorität mehr, die sich aus unserer Rolle ergibt – bei Eltern ist das noch immer ein bisschen anders, aber bei Lehrerinnen und anderen Pädagogen ist das seit gestern vorbei. Kinder gucken sich die Lehrpersonen genau an. Als neuer Lehrer oder mit neuen Kindern bekommt man drei bis vier Wochen Zeit – das ist die Testperiode. Wenn man den Kindern gegenüber respektvoll und offen sein kann und wenn man ab und zu auch authentisch sein kann, dann geht es wunderbar. Wenn man aber nur dasteht und sagt: »Ich will Respekt von euch haben. Ich will Disziplin von euch haben. Ich will das und das von euch haben«, ist es nach einem Monat vorbei, dann machen die Kinder nicht mehr mit. Und sie sollten auch nicht mehr mitmachen. Das bedeutet, dass wir eine ganz andere Art von Autorität brauchen. Denn Kinder brauchen ja Führung, und man muss als Erwachsene in der Lage sein, diese zu übernehmen.

Die pädagogische Universität in Kopenhagen hat damals im Auftrag des norwegischen Kultusministeriums über notwendige Kompetenzen von Lehrenden geforscht. Das Kultusministerium wollte die Lehrerausbildung verändern – oder zumindest haben sie das gesagt. Es wurde eine Meta-Untersuchung von achtundachtzig internationalen Studien zum Thema Lernen durchgeführt: Was gibt es an Gemeinsamkeiten, und was sollten wir eigentlich über die Kompetenzen, über die Lehrerinnen und Lehrer in Zukunft verfügen müssen, wissen? Dabei sind vier Kompetenzen herausgekommen: natürlich die akademische Kompetenz, die didaktische Kompetenz, die sogenannte Regelführungskompetenz – und zum ersten Mal: die Beziehungskompetenz. Diese tauchte in zweiundachtzig der Studien auf.

Beziehungskompetenz hat aber niemand gelernt. Ich selbst war fünf Jahre an der Hochschule für Lehramt (weil ich Seemann war und kein Abitur hatte), und da fiel kein Wort über Beziehungskompetenz. Mein erster Professor im Fach Psychologie hat uns vierzig Studierende am ersten Tag angeguckt und gesagt: »Ja, vierzig Prozent von euch werden es als Lehrer gut machen – die anderen werden untergehen.« Und das hat mehr oder weniger gestimmt. Was er damit aber auch gesagt hat, ist, dass es darauf ankommt, ob man so geboren ist oder nicht. Das heißt, dass man mit den Professoren an der Hochschule nicht rechnen kann – denn die können nichts machen in Bezug auf die Kompetenzen, die man als Lehrerin oder als Lehrer braucht.

Plötzlich ist es also wichtig, wer die jeweilige Lehrerin als Person ist, wie sie ihre persönliche Autorität, ihre Grenzen, ihre Wertvorstellungen und so weiter vertritt. Für die meisten angehenden Lehrer waren diese Dinge innerhalb ihrer Familien überhaupt nicht wichtig – und das gilt auch für die Menschen, die heute Lehrer werden. Aus diesem Grund war das ein Paradigmenwechsel.

Persönliche Verantwortung als Alternative zu Gehorsam

Jetzt wollen wir ja nicht das Gegenteil von Gehorsam, also Ungehorsam – aber was ist die Alternative? Sie lautet: persönliche Verantwortung. Als ich Kind war, ging es in unserer Kultur und ganz allgemein unter Menschen um Begrenzung, Macht, Kontrolle, Grenzen setzen – was gleichzusetzen war mit Regeln festlegen. Das war damals Erziehung und Pädagogik. Jetzt befinden wir uns in einer neuen Phase, in der es im Idealfall um »Gleichwürdigkeit« geht. Das bedeutet, dass hier ganz andere Begriffe eine Rolle spielen – wie zum Beispiel »Kontakt« und »Respekt«. Es ist interessant – wenn ich mit Lehrerinnen über das Thema spreche, kommen die nachher immer zu mir und sagen: »Das ist ja wunderbar, und es ist auch wichtig. Aber wie kann ich mit siebenundzwanzig Kindern Kontakt herstellen?« Das ist zwar eine sehr gute Frage, aber irgendwie ist es auch so eine unglückliche Ausgangsposition, dass man diese Frage überhaupt stellt. Denn Kontakt mit siebenundzwanzig Kindern herzustellen ist einfach! Das ist überhaupt nicht schwierig. Es dauert ungefähr sieben Minuten pro Kind, und dann ist es erledigt. Und dann hat man statt Gegnerinnen einen Fanclub hinter sich. Stellen Sie sich vor, wie viel Zeit man als Lehrende mit

Konflikten verbringt, und zwar mit Konflikten, die es nur gibt, weil der Kontakt fehlt.

Es ist also keine Frage der Ressourcen oder des Geldes oder der Zeit – es geht um Fähigkeiten und um meinen Willen. Was will ich? Und wie stellt man überhaupt Kontakt her? Hier kommen wir zum Kern, denn die meisten Pädagogen und sehr viele Eltern wissen das nicht – auch nicht in Bezug auf andere Erwachsene. Da funktioniert nur dieser soziale Kontakt, nach dem Motto: »Hallo, wie geht's?« In Dänemark wurden die Schulgesetze Anfang der neunziger Jahre verändert, und plötzlich stand da: »Jede Klassenlehrerin, jeder Klassenlehrer muss einmal pro Jahr ein Einzelgespräch mit jeder Schülerin und mit jedem Schüler führen.« Als dieses Gesetz neu erlassen wurde, war unsere Telefonleitung ständig besetzt. Die Schulleiterinnen haben uns angerufen und gesagt: »Wir brauchen dringend Kurse, Seminare!« »Okay, zu welchem Thema?« »Kommunikation!« »Was heißt das, Kommunikation?« Und dann kamen sie langsam zum Punkt und haben erzählt: »Unsere Lehrer haben Panik, weil sie keine Ahnung haben, wie man mit einem Kind ein Gespräch führt.« Jetzt kann man darüber natürlich lachen und sagen: »Du lieber Gott, das sind doch Pädagogen!« Aber ich verstehe ihre Situation ganz genau! Ich habe fünf Jahre Lehramt studiert, und niemand hat mir etwas darüber erzählt, wie man das macht. Es hat mir auch niemand erzählt, wie man mit Eltern spricht. Ich denke, das zeigt ein bisschen, wie behindert unser Schulsystem ist. Es verfügt überhaupt nicht über die Fähigkeiten, die Menschen brauchen und die auch die Angestellten brauchen.

Angst können wir dem Kind einpflanzen, Respekt müssen wir uns verdienen

Ich spreche oft mit Schulleiterinnen und -leitern, auch in großen Gruppen – und dann gibt es oft eine Person, die aufsteht und sagt: »Aber Jesper, hör mal, damals hatten wir doch wenigstens Respekt vor unseren Lehrern.« Ich warte dann immer so zehn Sekunden, und dann steht eine andere Person auf und sagt: »Nee, das stimmt nicht. Wir hatten damals viel Angst vor denen.« Man sollte Respekt nicht mit Angst verwechseln. Wenn man ganz allgemein auf die Forschung guckt, dann waren die Kinder immer Objekte. Deshalb heißen sie in der Schule ja auch Schüler, die werden mit ihrer Rolle bezeichnet. Und das ist ja das, was nicht mehr funktioniert: dieses Rollenspiel, bei dem die eine die Lehrerin spielt und die andere die Schülerin. Das geht nicht mehr. Genauso wenig wie in Paarbeziehungen, wo der eine den Mann spielt und die andere die Frau – das läuft furchtbar. Diese Subjekt-Objekt-Beziehungen funktionieren also nicht. Die haben noch nie funktioniert, beziehungsweise damals haben sie nur funktioniert, weil es immer die Möglichkeit oder die Androhung von Gewalt gab. Gewalt hat diese Form von Beziehungen unterstützt, aber Gewalt ist ja mittlerweile verboten.

Aber unser Problem ist – auch für uns als Eltern –, dass wir innerhalb dieser Philosophie, auf diese Art und Weise unsere Sprache entwickelt haben. Wir haben also nur diese Subjekt-Objekt-Sprache. In Salzburg habe ich einen Professor für Sozialpädagogik getroffen, der hat ein Buch über »schwierige Schüler« geschrieben – neunundvierzig Methoden, wie man mit denen umgehen kann. Er hat zu mir gesagt: »Ich glaube, Sie werden dieses Buch mögen.« Ich habe geantwortet: »Ich habe es von der ersten Sekunde an nicht gemocht! Weil da ›schwierige Schüler‹ steht.« »Was sollte denn sonst da stehen?« »Da sollte stehen: ›schwierige pädagogische Beziehungen‹.«

Wenn wir an eine Schule kommen und die Leute dort sagen: »Ja, wir arbeiten mit Beziehungen, das ist uns sehr, sehr wichtig«, dann haben wir einen Test. Wir fragen: »Okay, und was passiert, wenn ein großer Konflikt zwischen einer Lehrerin und einer Schülerin sich nicht lösen lässt? Was machen Sie dann?« »Ja, wenn es notwendig ist, schicken wir den Schüler zur Rektorin.« »Dann arbeiten Sie nicht mit Beziehungen. Wenn Sie mit Beziehungen arbeiten würden, dann würden beide zur Rektorin gehen und sagen: ›Wir schaffen es nicht. Wir brauchen Hilfe.‹ Statt einfach zu sagen: ›Dieses Kind ist unmöglich!‹« Es ist genau dasselbe mit »unmöglichen Klassen« – die gibt es nicht. Es gibt nur »unmögliche« Lehrende.

Es geht den Kindern nie besser als den Erwachsenen

Jetzt wird es schwierig. Wir müssen, wie gesagt, damit aufhören, die Schülerinnen und die Lehrerinnen als getrennt voneinander zu sehen, also entweder zu schauen, wie es momentan den Lehrern geht, oder darauf, wie es den Schülern geht.

Und diese Vorstellung, die viele Eltern haben, dass Schulen

eigentlich für die Kinder da sein sollten, ist komplett unrealistisch. Tatsache ist, dass die Schulen für unsere Gesellschaft da sind. Sie sind eines der effektivsten politischen Instrumente, die wir haben, und die Politikerinnen machen mit ihnen genau das, was sie wollen. Da kommt es nicht auf die Kinder an. Schulen sollen nicht kinderfreundlich sein, sie sollen gesellschaftsfreundlich sein. Da protestieren die Eltern dann: »Aber die Kinder verbringen dort jeden Tag viel Zeit!« Ja, das stimmt, aber glauben Sie nicht, dass Ihre Kinder deshalb wichtig für das Kultusministerium wären! Die sind überhaupt nicht wichtig. Wenn sie wichtig wären, hätten wir nicht diesen neokonservativen Wind, der plötzlich überall weht. Und die Lehrerinnen sind auch nicht wichtig – und das ist furchtbar!

Ich persönlich möchte gern, dass es auch den Kindern besser geht. Ich möchte sehr gern, dass es meinem Enkel in der Schule gut geht. Aber ich weiß, dass dafür erst etwas anderes passieren muss: Auf seiner Schule muss es zuerst einmal den Lehrpersonen gutgehen. Man muss eine professionelle Organisation aufbauen, das heißt, mit einer professionellen Führungskraft, die wirklich weiß, worüber sie spricht, wenn es um Pädagogik geht. Die nicht nur Bürokratin ist, sondern die auch über Führungskompetenzen verfügt. Sie muss eine sehr komplexe, intelligente Gruppe von Einzelunternehmerinnen führen und im Team zusammenbringen können und so weiter. Und erst dann, wenn die Lehrerinnen wirklich jeden Morgen mit Freude in die Schule gehen, beginnt es auch den Kindern besser zu gehen. Diese kinderfreundliche Schule können Sie vergessen – wir brauchen eine lehrerfreundliche

Schule. Innerhalb der Familien ist es genauso, es geht den Kindern nie besser als den Erwachsenen. Und das spürt man sehr deutlich.

Mobbing als Führungsproblem

Wenn man nicht über das Wichtige sprechen möchte, dann spricht man über irgendetwas Unwichtiges – und die Politikerinnen wollen ja seit Jahren nicht über Schule sprechen. Also sprechen sie zum Beispiel über Mobbing. Mobbing kann Tausende von Menschen beschäftigen – als ob es wichtig wäre! Wichtig daran ist für die Politikerinnen, dass man so tun kann, als ob das ein Phänomen unter Kindern wäre. Dann heißt es: »Das geht ja nicht, und diese ganze Gewalt und so weiter ... Jetzt müssen wir die Kinder wirklich erziehen!« Aber Mobbing ist in Wirklichkeit ein systemisches Problem – ein Führungsproblem! Das haben wir sehr genau feststellen können, im Norden Europas haben wir dieses Phänomen fünfzehn Jahre lang begleitet. Die Schulen mit dem meisten Mobbing haben die schlechtesten Führungskräfte. So einfach ist das. Wenn man das auf ein Phänomen unter Kindern reduziert, hat man zwar den Vorteil, dass man nicht mehr über Schulen sprechen muss – aber man hat eine komplett falsche Problemstellung!

Zu Führungskompetenzen gehört auch die Fähigkeit, die verschiedenen Beziehungen zu sehen. Für eine Lehrerin kann das zum Beispiel so aussehen: Ich habe vor einigen Monaten in der vierten Klasse einen neuen Schüler bekommen, der von einer anderen Schule zu uns gewechselt ist. Ich habe versucht, mit ihm zusammenzuarbeiten – aber das ist nicht gelungen. Jetzt muss ich mit ihm reden. Was sage ich da? Ich sage: »Hör mal, Karel, ich kenne dich jetzt seit vier Monaten, ich habe versucht, mit dir eine Zusammenarbeit aufzubauen …«, und dann kommt dieser schwierige Satz, der für Lehrerinnen fast unmöglich über die Lippen zu bringen ist: »Das ist mir nicht gelungen. Jetzt möchte ich gern wissen, was ich bei dir falsch mache.« Wenn Karel schon ein erfahrenes »schwieriges« Kind ist, dann senkt er den Kopf und sagt: »Weiß nicht.« Dann kann ich sagen: »Okay, ich sehe, dass du mir noch nicht vertraust, das ist auch okay, das verstehe ich. Ich komme nächste Woche wieder, und dann erzählst du mir, was es ist.«

Ich kann Ihnen garantieren, dass der Junge nächste Woche genau weiß, was er sagen will. Und das, was er sagen wird, wird jedes Mal sehr exakt den Punkt treffen. Aber für Lehrpersonen ist das zu schwierig – die bringen sich lieber um, als vor einem Schüler zu sitzen und zu sagen: »Meine Arbeit ist mir nicht gelungen.« Stattdessen heißt es dann: »Ich habe doch mein Bestes getan – er ist unmöglich. Und Sie wissen ja auch, dass der Vater Alkoholiker ist und die Eltern geschieden sind …« Solche Schüler wollen sie nicht?! Sie wollen nur diese DIN-A5-Kinder haben, die so gut funktionieren? Deren Eltern trotz allem Unglück zusammenhalten und die, wenn Alkohol, dann nur guten Wein trinken? Tut mir leid, liebe Lehrerin, lieber Lehrer, da sind Sie an die falsche Schule gekommen. Von dieser Sorte Schüler haben wir an vielen Schulen nur sehr wenige. An unseren Schulen brauchen wir Menschen, die mit echten Menschen umgehen können.

Gespräch mit Jesper Juul zum Thema Würde in Lehrer-Eltern-Gesprächen

Vater: Sie haben mal gesagt: »Denken Sie daran, die Lehrer haben Angst, wenn die Eltern kommen.« Wir haben eine zwölfjährige Tochter, die in die sechste Klasse des Gymnasiums geht, und die hat eine Rechtschreibschwäche. Und den letzten Aufsatz hat sie komplett rot zurückbekommen. Sie hatte zweieinhalb Seiten geschrieben und sich unheimlich angestrengt. Eigentlich hätte ich den Lehrer gern gefragt, ob er sich vorstellen kann, was das Kind denkt, wenn er die Aufgabe zurückgibt, und das Kind sieht nur rote Bemerkungen. Aber als der Lehrer meine Frau und mich reinkommen sieht, sagt er: »Ach, Sie sind da? Es ist doch alles in Ordnung.« Wie sage ich dem Lehrer, dass meines Erachtens nicht alles in Ordnung ist? Wie kann der Lehrer es schaffen, meiner Tochter zu helfen? Wir erledigen unseren Teil, aber ich denke, dass der Lehrer hier auch irgendwie pädagogisch sinnvoll mithelfen muss. Was sage ich dem, wenn er zu mir sagt: »Alles in Ordnung«?

Jesper Juul: Ich würde es damit versuchen, zu sagen: »Nein, es ist eigentlich nicht alles okay.« So, wie Sie es selbst ja auch sagen. Und dann: »Eigentlich brauchen wir Ihre Hilfe. Und ich wollte Sie fragen, ob wir die bekommen können oder nicht.« Die meisten Lehrerinnen sind ja nette Menschen, die sagen also: »Ja, aber natürlich. Was brauchen Sie?« Und dann sagen Sie: »Ja, es ist so, dass unsere Tochter sehr darunter leidet, dass alles so rot ist und so weiter. Vielleicht haben Sie auch etwas Positives, das Sie ihr sagen können, ein bisschen Anerkennung – da wären wir sehr dankbar.« Dann wird sich der Lehrer Ihrer Tochter wahrscheinlich verteidigen – oder sein Verhalten erklären, das ist ja auch eine Form von Verteidigung. Aber ich glaube, dass diese ruhige, prüfende Art und Weise sehr oft funktioniert, weil dieser Lehrer dann seine Würde bewahren kann. Und wahrscheinlich wird er zu sich selbst sagen: »Das stimmt überhaupt nicht, und was meint der, ich hab's ja selbst gelesen …«, und so weiter. Aber wahrscheinlich wird er das nächste Mal darüber nachdenken. So ist oft ein Anfang gemacht, und wenn man sich dann beim nächsten Mal bei dem Lehrer bedanken und sagen kann: »Ich habe jetzt den letzten Aufsatz meiner Tochter gesehen, und da haben Sie das so und so gemacht – vielen Dank! Das haben wir wirklich gebraucht«, dann ist in der Zukunft schon fast eine Begegnung möglich. Aber dieses »Man kann ja wohl von einem professionellen Pädagogen erwarten …« – das kann man vergessen. Das funktioniert nicht. Das funktioniert ja auch nicht beim Fernsehtechniker, wenn Sie von dem etwas brauchen.

Vater: Vielen Dank! Ich werd's versuchen.

Gespräch mit Jesper Juul zum Thema Jugendliche und Alkohol

Sven (15): Warum verfallen Jugendliche in unserem Alter so leicht dem Alkohol ?

Jesper Juul: Das kann ich wohl kaum beantworten. Jeder Mensch hat ja seine eigene Geschichte. Wenn ich dazu ganz allgemein etwas sagen soll, muss ich sagen, dass viele Jugendliche mit einer großen Einsamkeit, mit viel Schmerz und auch mit viel Angst leben. Und Alkohol funktioniert da irgendwie – das erleben ja auch Erwachsene. Ich möchte gern den Eltern etwas zu dem Thema sagen: Wenn ein Kind oder eine Jugendliche zwischen dreizehn und siebzehn ernsthafte Probleme mit Alkohol entwickelt, dann hat das etwas damit zu tun, dass wirklich etwas falsch gelaufen ist. Und zwar schon in den ersten sechs bis acht Lebensjahren. Das Fundament ist in dieser

Zeit irgendwie nicht stark genug geworden. Ich erwähne jetzt nochmal diese junge türkische Frau, diese Frau hat gesagt: »Ich habe alles probiert, auch Alkohol, obwohl ich den als Muslima überhaupt nicht trinken darf. Meine Eltern wissen nichts davon, aber ich habe das ausprobiert. Und ich habe mich bei jedem Ausprobieren entschieden, was ich will und was mir unangenehm ist. Ich möchte gern ab und zu mal ein Bier oder ein Glas Wein trinken, aber so eine halbe Flasche Wodka und so – das geht nicht, da merke ich, dass das schlecht für mich ist.« Das ist eine junge Frau, die sagt: »Ich weiß, wer ich bin. Ich weiß, was ich will. Und ich weiß, was ich nicht will – und das hier will ich nicht.« Viele Kinder und Jugendliche sind leider nicht so stark, weil wir – die Eltern, die Schulen und so weiter – noch nicht gelernt haben, wie wir den Kindern in den ersten zehn, zwölf Jahren so viel Selbstgefühl beibringen können beziehungsweise wie wir sie bei der Entwicklung ihres Selbstgefühls so gut unterstützen können, dass so etwas nicht passiert.

Wir reden heute, als ob das Problem mit dem Alkohol ein neues Phänomen wäre – doch das ist es überhaupt nicht. In Dänemark haben wir fast sechshunderttausend chronische Alkoholikerinnen zwischen dreißig und fünfzig Jahren. Das sind also nicht die »heutigen« Jugendlichen, sondern das war schon immer ein Thema. Ich war mit sechzehn Seemann und habe jeden Tag einen Liter Gin getrunken. Ich hatte alle Möglichkeiten, Alkoholiker zu werden, aber ich bin kein Alkoholiker geworden.

Warum? Ich weiß es nicht. Wenn ich auf die Straße gehe und den Jugendlichen in die Augen schaue, dann sehe ich ganz viel Schmerz. Ich sehe ganz viele Jugendliche, die irgendeine Verzweiflung mit sich herumtragen, die sich grundsätzlich nicht in ihrem Körper und ihrer Seele wohlfühlen. Und das ist tragisch, aber es ist eine Tatsache.

8

Schwieriges Verhalten als Einladung sehen

Mit Beziehungen zu arbeiten ist ja auch für Eltern sehr schwer. Die kommen gern zu mir und meinen Kolleginnen und sagen: »Wir haben ein Jahr lang alles versucht – alles! Und nichts hat sich geändert.« Die gehen sehr ungern zu ihrem Kind und sagen: »Ich habe jetzt alles versucht – es ist mir nicht gelungen.« Die sagen ihrem Kind lieber: »Du bist ja unmöglich« oder »Du willst ja nicht hören« oder »Du bist genau wie dein Vater«.

Was haben wir also mittlerweile über Kinder gelernt? Ich möchte hier über meine persönlichen Leitbilder sprechen – die sind für mich auch aus dem Grund interessant, weil sie genau das Gegenteil von dem sind, was ich als Lehrer und als Vater gelernt habe. Eines davon lautet: *Die Reaktionen der Kinder sind immer sinnvoll.* Damals habe ich gelernt, dass Kinder immer irrational sind und oft hysterisch. Heute wissen wir, dass die Reaktionen von Kindern sinnvolle Reaktionen auf die wichtigsten Beziehungen in ihrem Leben sind. Und das sind sie immer, in jeder Situation, gerade auch in der Schule! Aber es ist schwierig für uns, das im jeweiligen Moment zu entdecken oder zu entschlüsseln.

Ich habe einmal mit Peter Lang, einem sehr erfahrenen englischen Schulentwickler, gesprochen. Wir waren beide eingeladen, eine DVD zu machen, weil ein Professor der pädagogischen Universität in Dänemark sich gedacht hatte, dass wir beide eigentlich Interesse füreinander haben müssten. Und das hatten wir auch. Wir haben dann über dieses Thema gesprochen, und ich habe gesagt: »Hör mal, Peter, eigentlich haben wir aus pädagogischer Sicht verloren. Unsere Generation hat dafür gekämpft, dass wir das Wort »Symptom« nicht mehr verwenden, weil es aus der Medizin kommt, und das wollten wir nicht. Wir haben also über »Signale« gesprochen und noch verschiedene andere Begriffe verwendet. Aber was sehen wir, wenn wir uns so umschauen? Es gibt mehr und mehr Fokus auf Symptome. Alle interessieren sich nur für die Symptome und nicht für das, was darunter liegt. Da haben wir also wirklich keinen Erfolg gehabt. Können wir vielleicht ein anderes Wort finden, das für Lehrer und Lehrerinnen Sinn ergibt?« Und da ist Peter Lang mit einem Wort gekommen, das meiner Meinung nach genial ist: »Einladungen«. Wenn ein Kind sich also auffällig verhält, sagt es damit: »In meinem Sein ist es im Moment schwierig. Ich lade dich zu mir ein, damit wir darüber reden können. Mein Verhalten ist meine Einladung.« Da kann jede Erwachsene sagen: »Okay, ich komme gern. Ich setze mich gern fünf oder fünfzehn Minuten mit dir hin, um mit dir darüber zu reden, wie es dir eigentlich geht.« Denken Sie also darüber nach, wenn Sie Kinder oder Erwachsene treffen, die sich merkwürdig verhalten.

Kinder werden mit sozialen Fähigkeiten geboren. Das haben ja seit Adam und Eva alle Eltern feststellen können, aber jetzt wissen auch die Wissenschaftlerinnen, dass das so ist. Kinder können auch verantwortlich sein – und das ist neu. Diese Erkenntnis, dass Kinder es eigentlich schaffen, für sich selbst verantwortlich zu sein, ist neu. Das passiert auf ganz unterschiedlichen Ebenen und unterschiedlich je nach Alter – aber es passiert auf viel mehr Ebenen und viel früher, als wir bisher gedacht haben.

Aber unsere Erziehung und unsere Pädagogik besteht ja in großen Teilen darin, dass wir diese persönliche Verantwortung für die Kinder übernehmen und für sie verwalten, bis sie so vierzehn, fünfzehn Jahre alt sind. Dann lassen wir sie los und erwarten, dass sie das ab sofort selbst schaffen. Was natürlich absurd ist, weil sie keine Übung gehabt haben.

Hausaufgaben gehören in die Schule

In dem Kontext ist ein Thema natürlich sehr provokant für Schulen und für Eltern: das Thema Hausaufgaben. Es ist Teil der Schulkultur, dass die Eltern für die Hausaufgaben der Kinder verantwortlich sind. Das ist so blöd – das ist fast schon verrückt! Warum ist das nicht eine Angelegenheit zwischen Lehrern und Schülern? Es kommen jetzt auch von allen Seiten Forschungsergebnisse, die belegen: *Hausaufgaben sind kontraproduktiv.* Kinder lernen schlechter und weniger, wenn sie Hausaufgaben haben. Seitdem sprechen wir darüber, ob wir einfach Schluss damit machen sollen. Und die Schulen und die Lehrerinnen sind in Panik. Denn das wissen wir ja jetzt – es geht dabei nicht um Lernen, es geht ums Disziplinieren.

Vor einiger Zeit war ich auf einer Konferenz eingeladen, um über dieses Phänomen der Disziplinierung zu sprechen. Und wir kamen über einen Dialog so langsam zu dem Schluss, dass Hausaufgaben vielleicht nicht so wichtig sind. Dann hat aber ein Schulleiter etwas gesagt, das vielleicht die ganze Wahrheit hinter dem Thema ist: »Wenn wir mit den Hausaufgaben Schluss machen, wie können wir dann sicherstellen, dass die Eltern sich für die Schule interessieren?« Also war das vielleicht von Anfang an der ganze Zweck der Hausaufgaben. Und deswegen haben wir die Eltern für sie verantwortlich gemacht. So macht es auch langsam Sinn, warum es ist, wie es ist. Ich weiß es nicht, und vielleicht stimmt das auch nicht. Aber es ist interessant.

Die elterliche Verantwortung für die Hausaufgaben ist sehr destruktiv, sie führt jeden Abend zu Tausenden von Dramen in den Familien. Sie ist außerdem eine Herausforderung, die die meisten Eltern nicht bewältigen können. Dabei geht es nicht nur um das Inhaltliche, es geht auch um die Art und Weise, wie man seinem Kind hilft. Wie das läuft, ist oft unmöglich und überhaupt nicht hilfreich. Da entstehen diese vielen Konflikte und die Meinung der Erwachsenen, dass die Kinder das nicht wollen.

Ich habe einen Vorschlag: Sagen Sie Ihrem Kind ab der entsprechenden Klasse: »Hör mal, jetzt kommt ein neues Phänomen in dein Leben – das heißt ›Hausaufgaben‹. Damit helfe ich dir gern. Ich kann dir auf zwei Ebenen helfen: Ich kann dir ab und zu fachlich helfen, zum Beispiel mit Deutsch. Mathematik kann ich nicht, das kannst du vergessen. Ich kann dir auch in Bezug auf Disziplin helfen. Du bist ja ein sehr gesundes Kind, das heißt, wenn du von der Schule nach Hause kommst, willst du natürlich viel lieber spielen. Und das solltest du eigentlich auch. Aber jetzt sagt deine Schule, dass du das eigentlich nicht darfst. Nur Erwachsene können sich das leisten. Wenn ihr Arbeitstag vorbei ist, können die Erwachsenen spielen – aber Kinder nicht, die sollen weiterarbeiten. Das wird also schwierig für dich sein, weil man, wenn man irgendetwas viel lieber machen möchte, vergisst, was man eigentlich machen sollte. Ich bin also gern für dich da, wenn du mich brauchst, um dich zu erinnern: ›Hallo, es ist halb fünf, Hausaufgaben …‹ Diese zwei Funktionen hätte ich gern, aber ansonsten bist du für deine Hausaufgaben verantwortlich. Wenn deine Lehrerinnen nicht mit den Hausaufgaben zufrieden sind, müssen sie mit dir reden. Wenn du nicht mit ihnen zufrieden bist, musst du mit den Lehrerinnen reden.« Dann kommt der schwierige Teil – wenn die Lehrerinnen trotzdem die Eltern anrufen oder ihnen schreiben, muss man ihnen sagen: »In unserem Haushalt ist es so, dass unsere Kinder selbst für ihre Arbeit verantwortlich sind. Und nicht ich. Sie müssen also mit meiner Tochter reden. Die ist dafür zuständig.« Ich weiß, dass sich das in Deutschland komplett wahnsinnig anhört, aber in Dänemark haben wir damit vor fünfundzwanzig Jahren in Familienberatungen und so weiter begonnen. Inzwischen ist es also für dänische Schulen selbstverständlich, dass es solche Eltern gibt. Und es gibt mehr und mehr solcher Eltern. Das heißt nicht, dass die Eltern unverantwortlich oder faul sind, sondern das heißt: Jetzt wollen wir die Verantwortung da haben, wo sie hingehört.

Diese andere Variante ist ja auch für die Lehrerinnen selbst demütigend. Wenn eine Lehrerin einem Kind sagt: »Du sollst eigentlich das und das machen«, und dann macht das Kind es nicht. Und dann sagt sie: »Du musst es aber machen, sonst …« Das passiert dann noch einmal, und dann gibt die professionelle Pädagogin auf und ruft die armen Eltern an und sagt: »Ich brauche Hilfe. Ich kann mit Ihrem Sohn nicht professionell umgehen, können Sie ihm also bitte sagen, dass er machen muss, was ich ihm sage?« Wenn man jedes Mal, wenn man so etwas als Lehrerin macht, zwanzig Euro weniger Gehalt im Monat bekäme, würde man ganz schnell damit aufhören. Stellen Sie sich vor, dass Zahnärztinnen das so machen würden: »Ich schaffe meine Arbeit nicht, ich rufe deine Eltern an.«

Verantwortliche Führung

Jetzt ist es ja einfach, sich selbst zu sagen: »Ja, ich bin verantwortlich«, aber es fehlt uns, wie bereits gesagt, eine Sprache für diese neue Haltung. Wie kann ich mich als verantwortliche Person gegenüber anderen ausdrücken? Ich habe ein Beispiel dafür genannt: »Ich habe versucht, einen Unterricht mit dir zu gestalten – das ist mir nicht gelungen.« Das zu sagen, ist sehr schwierig. Wir haben aber gelernt, dass das in allen – und wenn ich »in allen« sage, meine ich wirklich in allen – sogenannten »unmöglichen« oder »schwierigen« Klassen oder Gruppen, die wir über die Jahre besucht haben und wo wir die Lehrpersonen begleitet haben, erfolgreich war. Wenn eine Lehrerin zu dieser Erkenntnis kommt: »Aha, ich muss nicht hilflos sein, ich muss mich nicht jeden Tag ratlos fühlen, ich kann einfach diese Verantwortung wahrnehmen und übernehmen. Ich kann sozusagen trainieren, wie ich das mache«, dann sieht man, dass Beziehungen, die sich über einen Zeitraum von zwei, drei Jahren wirklich schlecht entwickelt haben, innerhalb von zwei, drei Tagen viel, viel besser werden. Denn eine Erwachsene, die diese Verantwortung übernommen hat, hat einfach eine ganz andere Ausstrahlung, wenn sie einer Klasse begegnet. Und das beruhigt die Kinder, die sagen: »Uff, endlich gibt es verantwortliche Führung in dieser Klasse. Das haben wir gebraucht.«

Denn das wissen die Kinder ja. Wir haben im Rahmen vieler Untersuchungen mit Kindern gesprochen und sie gefragt: »Was ist los? Bist du mit dem, was in der Schule passiert, zufrieden?« Die Kinder sagen immer dasselbe wie die Lehrer:

»Es ist zu unruhig, wir lernen zu wenig« und so fort. Dann machen Lehrer aber traditionellerweise diesen Fehler, dass sie sagen: »Aha, dann sind wir uns ja einig! Dann treffen wir uns jetzt zusammen mit den Eltern, und dann treffen wir eine Vereinbarung, und die unterschreiben die Kinder: ›Wir sind so und so unzufrieden, das und das möchten wir gern anders haben.‹« Und dann erwarten die armen Lehrpersonen, dass die Kinder das schaffen, ohne dass die Lehrerinnen oder Lehrer ihren Anteil an der Beziehung verändern. Aber das schaffen Kinder nicht – auch nicht zu Hause. Deshalb funktioniert auch Bestrafung und das, was wir sonst so machen, nicht wirklich. Heute heißt es ja nicht mehr Bestrafung, sondern Konsequenzen. Das funktioniert nur kurzfristig. Man muss das also ändern.

Fachkompetenz ist auch persönliche Kompetenz

Jetzt kommen wir zu dem nächsten wichtigen Begriff, der kommt von einem Kollegen von mir, einem Psychologen: »fachpersönliche Entwicklung«. Wir alle haben Qualitäten in uns und in unserem Verhalten, die eigentlich destruktiv für unsere Beziehungen sind. Das ist mit Fremden so und auch mit den Menschen, die wir zweihundertprozentig lieben – wie unsere eigenen Kinder und unsere Partnerin. Wenn man zum Beispiel als Pädagogin oder Therapeutin mit Menschen arbeitet, muss man sich traditionellerweise auch mit sich selbst beschäftigen, mit der eigenen persönlichen Entwicklung, weil man nur so die eigenen professionellen Ziele besser erreichen kann. Das bedeutet nicht, dass jede Lehrerin eigentlich fünfzig Stunden Einzeltherapie in Anspruch nehmen muss. Das bedeutet nur, dass es eine andere Kultur geben sollte, bei der Lehrerinnen die Rückmeldungen von Schülerinnen ernst nehmen und – jetzt kommen wir zu diesem professionellen Arbeitsplatz – dass es ein System mit Unterstützung, Loyalität, Supervision, Fortbildung und so weiter im Hintergrund gibt.

Wir haben vor drei, vier Jahren ein wunderschönes Beispiel im dänischen Fernsehen gesehen. Eine junge, gerade fertig ausgebildete Lehrerin übernahm eine zweite Klasse, und man hat diese Lehrerin zwei Jahre lang begleitet. Und alle haben erlebt, dass das eine tolle Frau ist – sie ist intelligent, mag Kinder sehr gern, ist fachlich sehr, sehr kompetent, einfach ein wunderbarer Mensch. Man konnte also nichts an ihr finden, wo man vielleicht hätte sagen können: »Das geht doch nicht.« Aber innerhalb von einem Jahr ist ihre Arbeit mit den Schülerinnen komplett unmöglich geworden. Die arme Frau wusste nicht, was sie tun sollte. Sie ist zu ihrem Chef gegangen, doch der hat bloß gesagt: »Ja, ja, so eine Klasse gibt es immer wieder.« Da gab es keine Unterstützung. Sie hat mit Kolleginnen geredet, auch da gab es kein Feedback. Es gab nur welche, die gesagt haben: »Ja, die heutigen Eltern sind ja unmöglich. Die schicken uns diese Kinder, die immer im Mittelpunkt stehen wollen, die immer Aufmerksamkeit haben wollen und so weiter. Die Eltern sind schuld.« Diese arme Frau wusste nach einem Jahr also zwei Dinge – erstens: »Mir geht es furchtbar schlecht, ich will nicht mehr als Lehrerin arbeiten« und zweitens: »Die Kinder und die Eltern sind schuld.« Das ist furchtbar, denn diese Lehrerin hatte alles – nur keine Beziehungskompetenz.

Mit Beziehungskompetenz meine ich die Fähigkeit der Fachkraft, das Gegenüber in seinen eigenen Voraussetzungen zu »sehen« und das eigene Verhalten darauf abzustimmen, ohne zugleich die Führung abzugeben. Das bezeichne ich als das pädagogische Handwerk. Darüber hinaus gibt es die pädagogische Ethik: die Fähigkeit und der Wille, als Fachkraft die volle Verantwortung für die Qualität der Beziehung zu übernehmen. Die Summe der Vermittlungskompetenz und der Beziehungskompetenz einer Fachkraft bestimmt folglich über ihre/seine berufliche Kompetenz.

Ron und die rosa Stifte

Beziehungskompetenz ist nichts Therapeutisches, man muss keine Mini-Psychologin oder so sein. Ich möchte das mit einem anderen Beispiel verdeutlichen. Ich war als Begleiter eines Forschungsprojekts in einem Kindergarten, und ich sollte nichts machen, ich sollte nur eine Woche lang in den Räumen der blauen Gruppe sitzen und beobachten, was da passierte. Ich kam da an einem Montagmorgen an, und das saß nur ein Mädchen, fast vier Jahre alt, die hatte von ihrer Großmutter so ein großes Heft zum Ausmalen bekommen. Das Mädchen war wirklich sehr konzentriert, und es musste alles ganz genau sein und so weiter. Und sie hat mich ein bisschen um Rat gefragt, denn diese Hautfarbe ist ja nicht einfach. Sie hatte so ein Knallrosa, und sie hat mich gefragt: »Meinst du, das geht als Hautfarbe?« Ich habe ziemlich zweifelnd geguckt, aber sie hat gesagt: »Okay, ich liebe es!« Und sie hat die Farbe verwendet, und auf den ersten zehn Seiten ihres Ausmalbuchs war eigentlich alles Knallrosa. Dann kam ein Junge, der fast fünf war. Den kannte ich noch nicht, ich hatte ihn noch nie gesehen. Es war aber sehr deutlich, dass hier ein Kind kam, das sich nicht wohlfühlte. Das hat man ihm angesehen. Er kam rein, das Mädchen hat gesagt: »Hallo, wie geht es dir?« »Hm«, hat er gesagt. Er hat sich hingesetzt, und diese junge Dame wusste sofort, dass dieses Kind eine Mutter brauchte. Also hat sie gefragt: »Möchtest du auch Farben?« »Nee«, hat er gesagt, aber das Mädchen wusste ja: »Männer wissen nicht, was gut für sie ist.« Also hat sie ihm Papier und Farbstifte gegeben. Und er saß da und hat diese Stifte genommen und hat mit ihnen Löcher ins Papier gehämmert. Und das Mädchen hat ruhig weitergearbeitet. Dann hat der Junge ihre Vorliebe für dieses Knallrosa bemerkt – davon gab es zwei Stifte. Und er hat die beiden Stifte geklaut und in seine Hosentasche gesteckt. Das Mädchen hat damit reagiert, dass es so ein Sirenenheulen begonnen hat. Daraufhin ist eine Pädagogin reingekommen und hat die übliche FBI-Frage gestellt: »Was ist hier los?!« Das Mädchen hat erzählt: »Er hat das und das gemacht« und so weiter. Und dann hat diese arme Pädagogin gesagt: »Hör mal, Ron, du weißt doch, dass wir uns hier im Kindergarten nicht so verhalten.

Wenn wir etwas haben möchten, mit dem ein anderes Kind spielt, dann fragen wir, und wenn es nicht geht, dann müssen wir warten.« Und das war natürlich total impotent. Dann hat sie gesagt: »Gib mal bitte die Stifte zurück.« »Nee«, hat er gesagt, »will ich nicht.« »Das musst du aber, so ist das hier im Kindergarten. Warum willst du sie denn nicht zurückgeben?« »Die ist dumm«, hat er geantwortet. »Nein, nein, nein, so reden wir hier im Kindergarten nicht übereinander, das ist nicht nett. Niemand ist dumm, das darfst du nicht sagen.« Dann hat sie mit etwas erhobener Stimme gesagt: »Gib mal bitte die Stifte zurück.« Der Junge hat gesagt: »Nein.« Sie hat gefragt: »Warum nicht?« Er hat gesagt: »Du bist dumm!« Und dann hat diese Pädagogin etwas ganz Wunderbares gesagt: »Aber Ron, jetzt weiß ich überhaupt nicht, was ich sagen soll. Diesen Ron kenne ich ja gar nicht! Der Ron, den ich kenne, ist sehr nett. Und jetzt ist dieser Ron da – den möchte ich aber nicht hier im Kindergarten haben.« Und dann im Befehlston: »Gib bitte die Stifte zurück!« Da hat der Junge aufgegeben und dem Mädchen die Stifte hingeschmissen und ist rausgegangen.

So etwas ist ja leider ein sehr normaler Film. Denn so verstehen viele Pädagoginnen pädagogische Arbeit: Wir machen Regeln. Dazu muss ich aber – ganz leise – sagen: Dafür braucht man keine dreijährige Ausbildung, Regeln kann jeder machen. Und wenn die Regeln nicht funktionieren, stellt man die Kinder infrage, nicht die Regeln. Dann wiederholt man die Regeln einfach wie ein Priester die Litanei. Und man versucht es erstmal im Guten, also erst sieht man so ein bisschen kinderfreundlich aus, mit einem etwas künstlichen Lächeln und einer leisen Stimme und so ein bisschen nett und höflich. Aber wenn das nicht funktioniert, dann wird es langsam ernst! Dann kommt genau dasselbe impotente Lied, nur in einer anderen Tonart.

Jetzt kommt eine Erklärung für diese ganze Geschichte, von der ich zu dem Zeitpunkt noch nichts wusste. Dieser Ron ist normalerweise ein Wunderkind, alle lieben ihn. Er lebt allein mit seiner Mutter, er kommt jeden Tag in den Kindergarten und ist froh und will gern spielen. Er spielt mit den anderen Kindern, er gehört nicht zu einer bestimmten Gruppe, er will nie dominieren, er spielt auch nicht zu viel allein und so weiter. Und wenn seine Mutter ihn abholt, ist er auch froh und geht mit nach Hause. Er ist ein Traum für Erzieherinnen, denn er macht alles richtig! Und jetzt ist er plötzlich so ... Ich wusste ja nichts, und diese Pädagogin war dann länger weg. Als ich aber am nächsten Morgen wieder in diesem Kindergarten war und mit der Leiterin im Gang stand, kam Ron mit seiner Mutter, und seine Mutter hat mich gesehen und gesagt: »Ich wusste nicht, dass Sie hier sind.« Ich habe gesagt: »Was meinen Sie?« Und sie hat geantwortet: »Genau so jemanden wie Sie brauche ich heute!« und hat begonnen zu weinen. Wir sind dann mit der Leiterin in deren Büro gegangen, und die Mutter hat erzählt: »Gestern Morgen war es so bei uns zu Hause: Wir hatten irgendwie einen Konflikt, der war nicht sehr ernst, aber irgendwie habe ich den nicht lösen können. Und ich bin wirklich Amok gelaufen, ich habe meinen armen Ron geschlagen – nicht nur einmal, sondern fünfmal. Und es tut mir so leid! Ich weiß nicht, was ich tun soll, vielleicht habe ich meinem Kind für immer geschadet ...«, und so weiter. Ich habe also mit der Mutter und dem Jungen gesprochen, und es war dann alles geklärt.

Jetzt können wir also sagen: Okay, auf einer psychologischen Ebene wissen wir jetzt zwar, warum Ron am Vortag so war, wie er war, aber das konnte diese arme Erzieherin ja nicht wissen. Die hatte ja keine Ahnung davon, was bei ihm los war. Es geht hier also nicht um Verständnis, so nach dem Motto: »Das verstehe ich, Ron, du hast heute einen schlechten Tag, das macht nichts, ich hole noch ein paar knallrosa Stifte aus dem Lager ...« Was hätte diese Erzieherin aber sagen oder tun können? Sie hätte einfach nur ihren eigenen Aussagen zuhören müssen, die waren – erstens: »Jetzt weiß ich überhaupt nicht, was ich tun soll.« Das ist ja schon mal wichtig. Und zweitens: »Diesen Ron kenne ich ja gar nicht.« Da stellt sich für eine professionelle Pädagogin ja die Frage, ob sie interessiert ist, diesen Ron kennenzulernen. Die Antwort dieser Erzieherin war: »Nein. Ich will den alten Ron zurückhaben. Diesen Ron wollen wir nicht.« Stellen Sie sich vor, was das für eine Botschaft ist. Das Kind steckt in einer Krise. Zum ersten Mal steht seine Liebesbeziehung zu seiner Mutter infrage. Und er versucht, loyal zu sein, er kommt also nicht in den Kindergarten und sagt: »Ihr müsst mir gegenüber meiner Mutter helfen!« Er kommt, er tut sein Bestes, er leidet, und eine Erwachsene sagt: »So ein Kind möchten wir nicht haben.« Das ist eine sehr destruktive Botschaft. Jetzt kam dieser Junge ja aus einer Familie mit einer Mutter, die sehr verantwortlich und eine sehr gute Mutter war, es ist also nichts Ernstes passiert Aber wir alle können uns ja dasselbe Kind in ganz anderen sozialen Kontexten, in ganz anderen Familien vorstellen – da wissen wir, dass es ab diesem Tag im Kindergarten ein Opfer der Erwachsenen ist. Das geht dann so weiter, der Junge macht Ärger, dann kommt er bald in die Schule, und da gibt es überhaupt keinen Freiraum mehr. Im Kindergarten gibt es noch Freiraum, er kann rausgehen, er kann in einer Ecke sitzen, er kann aufs Klo gehen, er kann alles Mögliche tun, um eine erwachsenenfreie Zone zu haben. In der Schule geht das überhaupt nicht, da muss er immer dabei sein. Und was weiß die Schule? Nichts. Nur, dass er »schwierig« ist.

Es geht also nicht nur um Beziehungskompetenz, sondern auch um den Willen und das Interesse: »Das möchte ich, hier sehe ich einen Ron, den ich noch nicht kenne – der interessiert mich! Was ist passiert, Ron?« Aber diese Erzieherin hatte gelernt, dass Regeln das Wichtigste überhaupt sind. Man muss gehorsam sein – das sind für sie soziale Fähigkeiten. Dieses alte Rollenspiel geht nicht mehr! Erzieherinnen, die nur wie diese Frau arbeiten können, haben keine Zukunft. Und sie sollten auch keine Zukunft haben, weil es komplett inkompetent ist, mit dreißig Kindern umzugehen und alles, was man schafft, ist Regeln vorzustellen. Das ist so eine Polizistinnenrolle, wenn man das macht, aber Polizistinnen gibt es draußen schon. Diese Frau hatte keine Ahnung, dass sie da ein Kind ganz ernsthaft vernachlässigt hat – weil sie nie das Nötige gelernt hatte.

Gespräch mit Jesper Juul zum Thema Weinen bei Kleinkindern

Vater: Was macht man, wenn die Methode eines vierjährigen Mädchens, um etwas zu erreichen, Weinen ist? Wenn kein Gespräch, kein Wort mehr möglich ist und es nur noch Weinen gibt. Haben Sie da eine Idee? Was könnte da der Hintergedanke sein?

Jesper Juul: Bei einem vierjährigen Kind? Das Gehirn von Kindern ist ab etwa sieben Jahren in der Lage, Strategien zu entwickeln. Das heißt: Vierjährige haben keine Strategien und auch keine Hintergedanken. Was würden Sie denn vorschlagen, wenn es Ihre Frau wäre, die immer weint, wenn man sie mit irgendetwas konfrontiert oder irgendetwas sagt?

Vater: Dann würde ich sie erstmal ausweinen lassen ...

Jesper Juul: Ja.

Vater: ... und dann fragen, was der Grund ist.

Jesper Juul: Sie müssen dieses Weinen Ihrer Tochter ein bisschen für mich beschreiben. Sie kennen sie ja seit vier Jahren. Hat sich das Weinen verändert, hört es sich an wie reines Schauspiel?

Vater: Ja, es ist wirklich Schauspiel. Ich weiß nicht, was man da machen könnte. Und es *ist* Strategie, das sage ich Ihnen!

Jesper Juul: Dann muss ich anders fragen: Wenn es eine Strategie ist – ist es eine gelungene Strategie?

Vater: Es ist so: Es kann ein wunderbarer Tag sein, und der Tag neigt sich dem Ende zu, und das Kind wird – wie die meisten Kinder – gegen Abend müde, und dann fängt es zum Beispiel wegen irgendeiner Nichtigkeit an. Das kann wirklich eine Kleinigkeit sein. Wo man dann überrascht ist, dass das Kind so viel Kraft und Energie aufbringen kann, um eine halbe Stunde zu weinen.

Jesper Juul: Und was macht Ihre Tochter, wenn Sie weggehen?

Vater: Dann wird es lauter.

Jesper Juul: Und wenn Sie wegbleiben?

Vater: Das Weinen hört auf, aber sie ist dann sehr böse und nachtragend.

Jesper Juul: Hat sie jemals etwas gesagt, das zumindest ein bisschen Sinn für Sie macht? Ich nehme an, Sie haben mehrmals versucht, mit ihr darüber zu reden.

Vater: Ein konkretes Beispiel: Eine Freundin ist zu Besuch, und die Mutter holt sie nach einem ganzen Nachmittag Spielen ab, und unsere Tochter will nicht, dass die Freundin nach Hause geht. Und dann kommt es zum Beispiel zum Weinen.

Jesper Juul: Okay. Das heißt, Ihre Tochter hat eine sehr niedrige Frustrationstoleranz.

Vater: Na ja, sie hat jetzt einen sechs Monate alten Bruder, sie war dreieinhalb Jahre ein Einzelkind, sie hat also sozusagen keinen Grund gehabt, das zu lernen, weil sie bis zu dem Zeitpunkt der Mittelpunkt war – und der ist sie jetzt nicht mehr.

Jesper Juul: Aber hat dieses Weinen schon früher begonnen oder erst mit der Geburt des Bruders?

Vater: Das war schon vorher.

Jesper Juul: Das war schon vorher, aber nicht so viel?

Vater: Ja, das ist richtig.

Jesper Juul: Ich frage so, weil ein bestimmtes Verhalten innerhalb einer Familie nur existieren kann, wenn alle damit kooperieren. Und es ist ja kein Kind so geboren. Ich bin also auf der Suche nach Überlegungen bei Ihnen als Eltern wie: »So haben wir das am Anfang gemacht« oder »Vielleicht war sie ja zu viel im Mittelpunkt« oder »Wir wollten eigentlich nie Konflikte, für uns war es besser, wenn es eher glatt gelaufen ist«, irgendetwas in der Art. Warum? Weil ich glaube, dass es für alle – auch für ihre Tochter – zu einem Ende kommen muss mit diesem Weinen. Weil es nicht funktioniert beziehungsweise weil es destruktiv für alle wird. Und um das zu schaffen, braucht eine Vierjährige Eltern, die ihr eigenes Verhalten ein bisschen reflektieren.

Ich denke mir jetzt mal meine eigene Geschichte aus, die hat vielleicht überhaupt nichts mit Ihnen zu tun – nur so als Beispiel für eine mögliche Herangehensweise. Man könnte sich mit einem vierjährigen Kind hinsetzen – wenn die Laune gerade gut ist – und sagen: »Hör mal, du weißt, dass dein ständiges Weinen und so für uns unangenehm ist. Eigentlich wollen wir das überhaupt nicht mehr. Aber wir haben darüber nachgedacht, woher das wohl kommt. Und wir denken, dass du am Anfang, also die ersten paar Jahre deines Lebens, eigentlich alles bekommen hast, was du wolltest. Und nicht nur alles, sondern auch genau zum richtigen Zeitpunkt für dich. Das heißt, wir haben alle deine Wünsche – und hoffentlich auch alle deine Bedürfnisse – erfüllt und so weiter. Und wir sehen jetzt, dass das ein Fehler war. Deshalb verstehen wir sehr gut, dass du nicht weißt, wie du damit umgehen sollst, wenn du irgendetwas haben möchtest und wenn wir dann nein dazu sagen. Oder wenn das Leben nein zu dir sagt – zum Beispiel, wenn du willst, dass deine Freundin länger bleibt oder dass du den ganzen Abend bis elf Uhr wach sein darfst oder was weiß ich. Und dann weinst und schreist du. Das tut uns leid, dafür sind wir verantwortlich. Trotzdem könntest du uns allen einen großen Gefallen tun, wenn du damit aufhören würdest.« Ich weiß, dass so etwas auf eine Vierjährige einen Rieseneindruck macht. Jetzt ist sie aber vier Jahre alt und stark, das heißt, sie wird jetzt nicht plötzlich sagen: »Klar, gerne!« Aber sie wird darüber nachdenken, und es wird wahrscheinlich weniger werden.

Ich habe sehr oft mit Kindern, die wirklich Prinzessinnen und Prinzen waren, die immer genau im Zentrum standen und *immer alles* bekommen haben, gearbeitet. Und wenn diese Kinder so zweieinhalb, drei Jahre alt sind, sind sie unmöglich, da kann man nicht mit ihnen umgehen. Und auch andere Kinder können nicht mit ihnen umgehen. Das Einzige, was da wirklich hilft, ist, wenn Eltern diese Verantwortung übernehmen und sagen: »Wir haben einen Fehler gemacht. Wir haben es gut gemeint, aber es war ein Fehler. Und jetzt machen wir das nicht mehr. Das heißt aber auch, dass wir nicht erwarten, dass du ab heute komplett mit Weinen aufhörst. Auch wir werden unser altes Verhalten in der Zukunft wahrscheinlich ein paar Mal wiederholen.« Man sollte in einem etwas beruhigenden, aber ernsten Ton sagen: »So ist es. Wir haben im Moment eine Beziehung, die nicht passt. Das dient niemandem, und wir haben uns entschieden, wir brauchen deine Hilfe, um das zu stoppen.« Und dann gar nichts weiter, also keine Vereinbarungen, kein »Jetzt sind wir wieder Freunde« oder so. Und dann sieht man sehr oft, dass es im Verlauf von einem oder zwei Monaten weniger wird. Es kann sein, dass es bei Ihrer Tochter so ist, dass man sie ein bisschen vorbereiten muss. Dass man zum Beispiel beim nächsten Mal, wenn eine Freundin da ist, sagt: »Komm mal zwei Minuten mit mir in die Küche.« Und dass man dann sagt: »Hast du daran gedacht, dass in einer Stunde ihre Mutter kommt und sie abholt und du wahrscheinlich unglücklich darüber sein wirst?« »Ja«, sagt dann die Tochter. »Okay, versuch, nicht zu unglücklich zu sein, denn wir können da nichts machen.« Und dann kann sie spielen gehen. Ich versuche jetzt nicht, Ihnen irgendwelche Worte in den Mund zu legen. Was ich genau sage, ist eigentlich nicht so wichtig. Ich versuche nur, einen Ton zu vermitteln, von dem ich weiß, dass er Eindruck auf Kinder macht. Denn eine Vierjährige weiß selbst: »Es stimmt so nicht. Ich sehe es am Gesicht meines Vaters, ich sehe es bei meiner Mutter – aber ich kann nicht anders. Ich brauche neuen Input.« Macht das Sinn für Sie?

Vater: Ja.

Gespräch mit Jesper Juul zum Thema Null Bock auf Schule

Mutter: Wenn mein vierzehnjähriger, pubertierender Sohn im Physikunterricht sitzt und der Lehrer sagt: »Komm mal an die Tafel – jetzt oder nie«, und mein Sohn sitzen bleibt und sagt: »Na, dann nie«, wie motiviere ich ihn? Wie gehe ich als Familie damit um, außer dass man abends darüber spricht und sagt: »Komm, das nächste Mal gehst du an die Tafel«? Unser Sohn sitzt im Unterricht und guckt sich die Lehrer an und erzählt uns dann hinterher: »Der Lehrer hat Schweißflecken unterm Hemd und der nicht.« Das ist das, was ihn gerade beschäftigt. Was mache ich da?

Jesper Juul: Ohne Ihren Sohn zu kennen, würde ich sagen, dass er irgendwie seine Perspektive verloren hat – oder dass er nie eine gehabt hat. Es geht dabei um die Frage: »Für wen lerne ich?« Ich glaube, es ist wichtig, herauszufinden, ob er nein zu einem Lehrer oder zu einem Fach sagt oder ob er nein zu sich selbst sagt. Wenn er jetzt hier wäre, würde ich ihn das fragen.

Man kann vierzehn Jahre alt und intelligent und fähig sein und dasitzen und Beobachter spielen, das ist eine ausgezeichnete Freizeitbeschäftigung. Aber in diesem Fach gibt es wahrscheinlich kein Diplom. Also, was wollen die Lehrerinnen von ihm, und was wollen die Eltern – und was will er? Ich glaube, in Deutschland ist der Bildungsdruck riesengroß – und ich möchte hier gern wiederholen, dass Bildung und Lernen zwei komplett unterschiedliche Geschichten sind. In manchen Schulen ist Lernen nicht möglich, da muss man sich sozusagen nur der Bildung unterwerfen. Und dann ist klar, dass man da mit vierzehn Jahren sitzt und sagt: »Hat das einen Sinn?« Darüber würde ich gern mit Ihrem Sohn sprechen. Wenn ich nämlich weiß, was er darüber denkt, dann kann ich auch seiner Mutter besser helfen und ihr sagen, wie sie ihn besser unterstützen kann – und zwar da, wo er gerade ist. Statt nur Fantasien darüber zu haben, wo er eigentlich sein sollte. Und da kommt wieder dieser Dialog ins Spiel.

Es ist schwierig mit so kurzen definitiven Prinzipien, aber eins habe ich in Bezug auf Schule doch: Wenn Kinder mit der Schule Probleme haben, sollte man nicht mit ihnen über die Schule reden. Wirklich. Denn es geht um etwas anderes. Und vielleicht geht es in Ihrem Fall darum, dass Ihr Sohn keine Möglichkeit sieht, dass es keinen Sinn für ihn macht. Dann kann man als Eltern einen mehr als wichtigen Beitrag leisten. Nicht, indem man darüber spricht, was für ihn sinnvoll ist, wenn er vierundzwanzig ist, sondern indem man darüber spricht, was hier und jetzt gerade wichtig für ihn ist. Und vielleicht kommt er und sagt: »Ich möchte eigentlich gern lernen, aber ich weiß nicht, wie man lernt.« Das hat mal eine achtzehnjährige Frau zu mir gesagt. In deren Leben ging es nur um Bildung, und ihre Mutter war eine Idiotin, die hat der Tochter täglich zehnmal gesagt: »Du bist dumm, du machst alles falsch.« Also hatte die junge Frau natürlich auch kein Selbstvertrauen und so fort. Aber sie hat für sich selbst den Finger auf den Punkt gelegt.

Schulprobleme sind nicht nur Schulprobleme, sie sind alles Mögliche andere. Und eins weiß ich, wenn man vierzehn Jahre alt ist und ein nicht erfolgreiches oder problematisches Arbeitsleben in der Schule hat, dann braucht man dringend Eltern. Und zwar nicht Eltern, die dasselbe sagen wie die Schule, sondern solche, die sich für ihr Kind interessieren. Viele Jugendliche wissen ja heute unheimlich viel, aus dem Internet und so, aber sie brauchen manchmal Erwachsene, die vorbeikommen und sagen: »Hallo, und was denkst du darüber? Was macht das mit dir?« Dieser Einstieg in einen offenen Dialog ist wichtig: »Ah, Physik und du, ihr seid im Moment kein schönes Paar, worum geht es da? Weißt du das?« Und man muss sich da als Mutter oder Vater von diesem Projekt freimachen und sich sagen: »Ich will meinen Sohn nicht unbedingt durch die und die Fächer oder die und die Schule schieben. Ich will aber unbedingt eine gute und ernsthafte – wenn es sein muss, auch problematische – Beziehung zu ihm haben! Dann wird dieses Lernen sekundär, und je weniger man darüber redet, desto schneller löst sich das Problem normalerweise.

9

Respekt bedeutet, individuelle Grenzen zu wahren

Was Erwachsene und Kinder gemeinsam haben, ist genau dieser existenzielle Grundkonflikt zwischen Integrität und Kooperation. Ich nenne das so, aber man muss es nicht notwendigerweise so nennen, es gibt dafür sehr viele Begriffe. Die Soziologinnen sprechen über den Konflikt zwischen dem Individuum und der Gruppe beziehungsweise der Gesellschaft, die Psychologinnen sprechen über Individuation und Anpassung, wir sprechen auch über Individualität und Konformität – es gibt alle möglichen Begriffspaare. Tatsache ist, dass dieser Konflikt so alt ist wie die Menschheit selbst, und dass er bestehen bleiben wird. Tatsache ist auch, dass er für Eltern in der Familie ebenso gilt wie für ihre Kinder, für Eltern in welchen Jobs auch immer ebenso wie für Lehrerinnen, Erzieher und Therapeutinnen. Man kann diesen Konflikt nicht lösen, er ist eine der Grundbedingungen unseres Lebens. Neu ist die Erkenntnis – sie ist zumindest in der pädagogischen Welt ziemlich neu –, dass Kinder so geboren sind, dass sie vor allem gern kooperieren möchten. Sie möchten gern die Erwachsenen zufriedenstellen, sie möchten ihre Eltern froh machen – und das ist einfach so. Das haben wir früher nicht gewusst.

Erziehung baut eigentlich sehr oft auf genau der gleichen Vorstellung auf, die schon meine Eltern hatten. Meine Eltern haben gesagt: »Bei kleinen Kindern muss von Anfang an alles regelmäßig sein. Regelmäßig hinlegen, spielen, füttern und so weiter. Diese Regelmäßigkeit ist notwendig, weil das Kind sonst die Macht in der Familie übernimmt, und das wollen wir nicht.« So geht es ganz oft in der Pädagogik weiter. Wir haben grundsätzlich kein Vertrauen in Kinder, wir glauben nicht, dass sie gern kooperieren möchten.

»Wo ist der Respekt unserer Lehrer?«

Zurück zu meinem Freund Peter Lang und seinen Erlebnissen in einer schwedischen Schule. Wenn wir Berater und Beraterinnen in Schulen kommen, dann versuchen die Lehrer immer, das so zu machen, dass wir gleich wieder weglaufen. Die kommen immer mit dem allerschwierigsten Problem, das sie haben, und sagen: »Ja, was wollen Sie da machen, hm?!« Peter Lang kam also zum ersten Mal in diese Schule, und in diesem Fall ging es um vier Kinder im Alter von dreizehn, vierzehn Jahren. Die kamen seit etwa sechs Monaten immer öfter nicht in die Schule, und wenn sie da waren, machten sie nicht besonders viel mit im Unterricht. »Was sollen wir machen?«, fragten die Lehrerinnen. Sie haben dann eine Stunde lang über diese Kinder gesprochen, und dann hat Peter in seiner leisen Art und Weise gesagt: »Jetzt habe ich Ihnen eine ganze Stunde lang zugehört, und meine Frage ist: Warum kommen diese Kinder überhaupt noch in die Schule? Darf ich die Kinder das fragen?« Die Lehrerinnen haben geantwortet: »Ja, natürlich dürfen Sie das.« Er ist dann zu den Kindern gegangen und hat gesagt: »Ich habe mit den Lehrerinnen gesprochen, und wir haben über euch gesprochen. Ich habe eine Frage: Warum kommt ihr überhaupt noch in die Schule?« Die Kinder haben ihn angeschaut und gesagt: »Sind Sie doof? Wir wollen was lernen!« Da hat er gesagt: »Okay. Dann möchte ich gern wissen, warum ihr so oft nicht in die Schule kommt.« Und die Kinder haben geantwortet: »Weil unsere Lehrerinnen keinen Respekt vor uns haben.« »Okay«, hat er gesagt. Etwas anderes konnte er dazu auch nicht sagen, weil er den Lehrerinnen ja eine Stunde lang zugehört hatte, und die hatten wirklich überhaupt keinen Respekt vor diesen Kindern. Er meinte dann: »Okay, dann treffen wir uns morgen und unterhalten uns gemeinsam mit euren Lehrerinnen.« Und er ist leider so ein bisschen ideologisch demokratisch, er hat also zu den Kindern gesagt: »Sagt euren Lehrerinnen, was ihr mir gesagt habt.« Aber die Kinder hatten ja viel Erfahrung, die haben sofort gesagt: »Nee, nee, nee … Das sagen Sie ihnen!« Aber er hat am Ende gewonnen, und die Kinder haben es den Lehrerinnen selbst gesagt. Es hat den Bruchteil einer Sekunde gedauert, und dann haben fünf Lehrerinnen im Chor gerufen: »Und was ist mit eurem Respekt vor uns?! Darf man das fragen?« Das ist genau das, was man von der Schulkultur erwartet. Die Lehrerinnen selbst sind ja eigentlich oft ganz vernünftig, aber diese Schulkultur sagt: »Ich soll schuld sein?! Das geht gar nicht!« Da läuft es genau wie bei Zweijährigen im Sandkasten: »Er hat angefangen!!!«

Peter hat dann ab und zu mit der Schule gearbeitet, und es hat vier Monate gedauert, bis diese Lehrerinnen überhaupt verstehen konnten, was die Kinder gemeint hatten, als sie davon gesprochen hatten, dass der Respekt fehlt. Und als sie das verstanden hatten, mussten sie selbst sagen: »Eigentlich haben die Kinder recht. Aber das bedeutet ja, dass wir unseren ganzen Blickwinkel, unsere ganze Philosophie ändern müssen!« Und dazu möchte ich nur sagen: Ja, bitte tun Sie das! Ab sofort, wenn es geht! *Denn Respekt muss man sich verdienen – den kann man nicht erwarten. Und man kann keinen Respekt von Kindern erwarten, wenn man ihnen selbst keinen Respekt entgegenbringt. So einfach ist das.* Angst kann man schon einbauen, und im Moment wollen die Lehrerinnen ja gern, dass die Eltern diese Arbeit machen: »Machen Sie Ihrem Kind bitte die ersten sechs Jahre lang Angst – dann ist es einfacher für uns.« Natürlich reden die nicht so primitiv, wie ich das hier darstelle, die haben ja eine Ausbildung. Aber inhaltlich stimmt es.

Integrität, Kooperation und Vertrauen

Wir haben also zwei Menschen, die sich gegenüberstehen und die genau dieselben Interessen haben. Beide haben ihre persönliche Integrität, ihre Grenzen, ihre jeweiligen Bedürfnisse. Auch eigene Wertvorstellungen haben Kinder so etwa ab dem Schulalter von zu Hause mitbekommen. Wenn wir also eine gute Atmosphäre oder eine gute Kultur innerhalb einer Familie, eines Kindergartens, einer Schule oder eines Arbeitsplatzes haben möchten, dann lautet die Nummer eins: Wir müssen dafür sorgen, dass die einzelnen Menschen hier nicht verletzt werden, dass wir mit den Grenzen jedes einzelnen Menschen respektvoll umgehen können und dass wir so viel Raum wie möglich für diese individuellen Grenzen schaffen.

Kooperieren möchten alle, das wissen wir ja. Wer das nicht weiß, kann gegen Endes des Sommers Fernsehen schauen, da sehen wir jedes Jahr die gleichen Bilder von Kindern, die ihren ersten Schultag haben – und die freuen sich alle! Die sind alle sehr, sehr froh und sagen: »Toll, jetzt darf ich endlich in die Schule« und so weiter. Aber zwei Jahre später sind die Lichter in den Augen erloschen. Dafür sind doch nicht die Eltern verantwortlich, oder?

Dann kommt diese Magie ins Spiel: Ich muss als Erwachsene bereit sein, mit den Kindern zu lernen – denn das lernt man ja nicht an der Uni. Man kann zwar etwas darüber lesen, man kann ein paar Übungen machen, aber wirklich lernen kann man nur gemeinsam mit den Kindern. Das dauert bei den Menschen mit sehr gutem Startkapital zehn bis fünfzehn Jahre, dann ist man dabei. *Das heißt, ich muss lernen, wie ich ja und nein sagen kann, wenn ich ja und nein meine.* Wie kann ich Kindern sagen: »Jetzt will ich Ruhe«, und zwar so, dass sie zuhören? Das kommt nämlich nicht auf die Kinder an, das kommt auf mich an. Wie ist meine Ausstrahlung? Stehe ich da als ein appellierendes Opfer? Dann sage ich in so einem übersüßen Ton: »Liebe Kinder, jetzt seid doch bitte ruhig, wir müssen doch heute auch etwas machen.« Dann strecken die Kinder mir nur die Zunge raus. Wenn wir als Berater mit solchen Lehrerinnen und Lehrern sprechen und fragen: »Warum reden Sie denn in so einem wahnsinnigen Ton mit den Kindern?«, dann antworten die: »Ja, darf man denn nicht höflich sein? Darf man nicht mehr nett sein?« »Hat es Ihnen denn bisher geholfen?« »Nein, aber …«

Tatsache ist: Wenn man als Mensch Schwierigkeiten hat, gegenüber Kindern die eigenen Grenzen zu schützen und die eigenen Bedürfnisse durchzusetzen, dann hat man unter Garantie die gleichen Probleme mit anderen Erwachsenen – mit seiner Partnerin, mit den Freundinnen und so weiter. Ich habe noch nie einen Menschen getroffen, der dieses Problem nur mit Kindern hatte. Nein, das stimmt nicht, eigentlich habe ich doch ein paar getroffen, aber das waren so chronische Kinderfreunde, so Romantikerinnen, die sagen: »Ich liebe alle Kinder!« Was schwierig sein muss.

Die Kinder möchten gern kooperieren, das ist keine Frage. Das gilt auch für Erwachsene. Die Lehrerinnen möchten ja auch gern kooperieren – mit den Kindern, mit den Eltern und so weiter. Daran besteht kein Zweifel. Das Problem ist nur: Wissen die, wie man das macht, ohne einen anderen Menschen zu verletzen oder zu ignorieren – wie es bei Ron der Fall war?

Gespräch mit Jesper Juul zum Thema Konsequenz im Umgang mit Kindern in Kita und Schule

Erzieherin: Ich habe in meinem Arbeitskontext – ich bin Erzieherin – immer wieder mit sehr verhaltensauffälligen Kindern zu tun. An und für sich nutze ich auch immer das mit der Konsequenz, um Verhaltensänderungen zu erreichen. Aber nach Ihrem Vortrag muss ich das Konzept mit der Konsequenz auch ein bisschen in Frage stellen. Welche Alternative gibt es?

Jesper Juul: Es gibt viele Alternativen, aber die hängen – wie auch das Konsequenzdenken – mit einem ganzen Gedankensystem zusammen. In unserem Buch *Vom Gehorsam zur Verantwortung* haben wir über solche Kinder geschrieben und gesagt: Man muss von Anfang an seine Perspektive ändern, denn nur tröpfchenweise etwas zu ändern, funktioniert nicht. Es muss von Anfang an sein.

Um das mal in sehr kurzer Form zu sagen: Ich glaube, was diese Kinder und Jugendlichen vor allem brauchen, ist, eine Stimme zu haben. Das heißt, dass man zum Beispiel als Sozialarbeiterin mit einer Jugendlichen spazieren geht und sagt: »Hör mal, viele Menschen haben versucht, dir zu helfen. Und du hast es garantiert auch schon selbst versucht. Jetzt bin ich dran, und ich muss dir ganz ernsthaft sagen: Ich habe keine Ahnung, was du brauchst. Ich muss also zwei Sachen von dir erfahren: was du willst und was du brauchst. Ich würde auch gern wissen, ob du jemals einen Menschen wie mich, also so einen Fachmenschen, getroffen hast, bei dem du wirklich gedacht hast: ›Da habe ich etwas Gutes bekommen, das hat mir wirklich geholfen.‹ Wenn ja, möchte ich gern etwas darüber hören, weil ich dann wahrscheinlich davon lernen kann.« Ich kenne zu dem Thema leider nur die Statistik von Oberösterreich – die sagt: Unser Erfolg mit Jugendlichen liegt bei etwa zwanzig Prozent. Und das spricht ja für sich, das ist einfach zu wenig. Wir brauchen hier ein neues Paradigma, denn was wir zum Beispiel mit diesem Konsequenzdenken machen, ist: Wir fördern ein Menschenbild, das davon ausgeht, dass diese Jugendlichen sich einfach für oder gegen ein besseres Verhalten entscheiden können. Wenn man das glaubt, machen Konsequenzen Sinn. Aber es ist ein Fehler, das zu glauben. Und diese Jugendliche sind genauso unschuldig zu ihrem Verhalten gekommen, wie Sie und ich zu unserem Verhalten gekommen sind.

Erzieherin: Aber was würden Sie zum Thema Konsequenzen bei jüngeren Kindern im Schulalter empfehlen?

Jesper Juul: Also, wenn es irgendwo so eine Konsequenzpädagogik gibt, würde ich sagen: Raus damit! Alles auf einmal! Denn das macht überhaupt keinen Sinn. Oder man sagt den Kindern die Wahrheit und sagt: »Wir vertrauen euch überhaupt nicht. Wir glauben, wenn wir nicht dabeistehen und permanent dafür sorgen, dass es Konsequenzen gibt, dann macht ihr alles Mögliche, was ihr nicht machen sollt.« Das ist ja ein Machtspiel – und die Kinder sind dabei immer im Vorteil, weil die die Gesetze nicht einhalten müssen. Aber wir müssen das ja.

Anfang der sechziger Jahre hat ein dänischer Psychologe drei Bücher über Konsequenzpädagogik als Methode geschrieben. Wenn man ihn heute trifft, dann weint er darüber und sagt: »Das hätte ich nie tun sollen, weil das *wirklich* ein Fehler war!« Und er hat ernsthaft dafür gesorgt, dass diese Bücher nie wieder herausgegeben werden. Es führt zu nichts! Was diese Kinder brauchen, ist genau dasselbe, was alle anderen Kinder brauchen – die brauchen nur etwa sechs- bis achtmal so viel. Das heißt, die brauchen: gesehen werden, ernst genommen werden und wahrgenommen werden. Und wenn die Erwachsenen das nicht schaffen, sollte das vielleicht Konsequenzen für *die Erwachsenen* haben. Was ich meine, ist: Das ist nicht nur so eine Renovierung – wir brauchen einen Neubau. Auch für die armen Menschen, die in diesem Beruf tätig sind – die arbeiten sich ja tot. Denn es ist ja nicht weniger Arbeit mit dieser Konsequenzmethode.

Gespräch mit Jesper Juul zum Thema Schweigen von Jugendlichen

Vater: Wie lange muss man es aushalten, wenn die Situation so weit eskaliert ist, dass ein Gespräch nicht mehr möglich ist? Wenn sich das vierzehnjährige Mädchen seit sechs Wochen so zurückgezogen hat, dass es das Gespräch nicht mehr möchte?

Jesper Juul: Ist etwas Besonderes passiert?

Vater: Ja, eine Situation, die ich meinerseits auch nicht so wollte.

Jesper Juul: Und was haben Sie mittlerweile versucht?

Vater: Ich habe versucht, ihr die Hand zu reichen, habe gesagt: »Wir sollten jetzt mal wieder so miteinander umgehen, wie du es gern möchtest und wie ich es gern möchte.« Aber da kam weiterhin nur Schweigen. Aber seitdem – habe ich auch bemerkt – kommt immer mal wieder ein Beitrag am Tisch.

Jesper Juul: Ich habe zwei Vorschläge: 1. Schreiben Sie auf ein Stück Papier, was Sie Ihrer Tochter damals gesagt haben, und lesen Sie das ein paarmal. Ich glaube, dann werden Sie selbst entdecken, dass es nur ein Versuch war, die Hand zu reichen. Das war ein Versuch, und der wird von Ihrer Tochter als ein Versuch angenommen – aber es war kein gelungener Versuch. 2. Was fehlt, ist, dass Sie aus der Vaterrolle treten und sagen: »Ich habe das und das gemacht, es tut mir leid, dafür bin ich verantwortlich. Ich vermisse dich, ich möchte sehr gern wieder Zeit mit dir verbringen und mit dir reden.« Sagen Sie Ihrer Tochter irgendetwas, das aus dem Herzen kommt und nicht aus einem strategischen Denken. Auch dann kann es ein paar Tage dauern, bis sich etwas verändert, aber es wird schneller gehen.

Vater: Mache ich das im Gespräch oder schriftlich?

Jesper Juul: Gern im Gespräch. Wenn Ihre Tochter sich so verhält, wie Sie es beschreiben, dann müssen Sie natürlich erstmal zu ihr gehen und sagen: »Ich weiß, du willst eigentlich nicht mit mir reden, und du willst auch nichts hören, was ich sage. Ich habe aber trotzdem etwas zu sagen, und das brennt in meinem Mund, und ich sage es jetzt. Und du darfst dir die Ohren zuhalten und so weiter – aber hier ist es.« Wenn ich Ihre Tochter richtig verstehe, wird sie Sie nicht sofort umarmen, die wird eher weggehen, wahrscheinlich so ein bisschen trotzig. Aber das ist ein sehr gutes Zeichen.

Ich habe eine Vermutung, aber es kann auch sein, dass wir beide da sehr verschieden sind. Ich glaube, dass es als Vater und als Mann sehr schwierig ist, zu wissen, was man eigentlich falsch gemacht hat. Wir können ein bisschen darüber nachdenken, und unsere Partnerin kann etwas dazu sagen – aber grundsätzlich ist es für uns fast unmöglich zu begreifen, was es ist, das für unser Kind so furchtbar sein kann. Das bedeutet, dass es – wenn es wieder ein bisschen angenehmer zwischen Ihnen beiden ist – ein sehr guter Anfang von einer neuen Art von Beziehung sein kann, zu sagen: »Hör mal, ich habe es gesehen, ich habe es wahrgenommen, deine Mutter hat versucht, mir zu erklären, was so furchtbar war – aber ich habe es nicht verstanden. Magst du mir erklären, wie das für dich war?« Aber man muss dieses Interesse haben, um herauszufinden, worum es geht. Und man muss es so sagen, dass es eine Einladung ist. Wenn man das in so einem vorwurfsvollen Ton sagt: »Also, dass du so reagiert hast, verstehe ich überhaupt nicht!«, dann bleibt die Tür geschlossen. Man kann dabei auch etwas lernen, nicht nur über seine Tochter, sondern über Frauen im Allgemeinen.

10

Brief an unsere Kinder

Zum Blick auf die Herausforderungen, ein Kind im einundzwanzigsten Jahrhundert großzuziehen, gehört noch eine andere Sache: Wir haben auch von unseren Kindern ganz viel bekommen! Ich habe mal den Vorschlag gemacht, den Kindern spätestens so mit vierzehn einen Brief zu schreiben, in dem wir das artikulieren. Denn wir sind als Eltern ja unheimlich selbstbesetzt. Wir denken immer darüber nach: »Mache ich es gut genug? Bin ich eine gute Mutter, bin ich ein guter Vater?« und so weiter. Das tun wir natürlich für die Kinder, aber wir denken dabei immer über uns selbst nach, das heißt, über unser eigenes Selbstbild oder unser Image. Und das ist völlig okay, so muss es sein. Aber wir vergessen dabei leider sehr oft, dass unsere Kinder genau die richtigen Menschen sind. Und die haben auch ein riesiges Bedürfnis, sich als wertvoll für die

Eltern zu erleben. Man fühlt sich aber nicht wertvoll, nur weil der Vater oder die Mutter sagt: »Ich liebe dich.« Das ist irgendwie selbstverständlich, das kriegt man ja sozusagen umsonst bei der Geburt.

Dieses Gefühl – sich als wertvoll für die Eltern zu erleben – entsteht zum Beispiel, wenn der Vater oder die Mutter sagt: »Hör mal, ich habe jetzt vierzehn Jahre mit dir zusammengelebt. Jetzt würde ich dir gern – so kurz wie möglich – erzählen, wie das mein Leben bereichert hat und was ich von dir über mich gelernt habe.« Ich glaube, das könnte man ruhig mindestens einmal im Jahr sagen oder schreiben, zum Beispiel am Geburtstag oder so. Man sollte ein bisschen darüber nachdenken: »Was haben meine Kinder mir beigebracht?« Ich habe ja an anderer Stelle schon gesagt oder geschrieben, dass Kinder eigentlich am wertvollsten für ihre Eltern sind, wenn sie sehr schwierig sind – wenn sie uns wirklich herausfordern. Dann haben wir die Möglichkeit, etwas sehr Essenzielles über uns zu lernen. Diese Dimension der Wertschätzung ist für mich sehr wichtig, und Kinder und Jugendliche brauchen das ganz unbedingt.

Ich habe schon oft gesagt, dass man mit dem Erziehen aufhören sollte. Das brauchen Kinder und Jugendliche von ihren Eltern – nicht dieses ständige »Wir sind noch nicht fertig, wir sind noch deine Eltern, du musst dich noch ein bisschen verbessern ...« Bei den Kindern kommt so eine Haltung nämlich so an: »Mein Gott, wenn ich fünfundvierzig bin, dann sind sie wahrscheinlich zufrieden – aber das kann man ja auch nicht sicher wissen, also hör ich jetzt einfach auf, mitzumachen.«

Denn manchmal sprechen wir über unsere Kinder, als wären sie unsere Produkte, als hätten wir sozusagen ein Copyright auf sie. Eigentlich sollten wir uns so oft wie möglich in unseren besten Sessel setzen, uns unsere Kinder angucken und sie – genau so, wie sie sind – einfach genießen. Das brauchen die Kinder – auch noch als Erwachsene. Sie brauchen mindestens zwei Menschen auf dieser Welt, die sie bedingungslos lieben und die sagen: »Für mich bist du genauso, wie du bist, okay!« Alles andere schaffen sie mit der Hilfe von Freundinnen und Lehrern und so fort.

Bücher & DVDs

Bücher von Jesper Juul

JUUL, Jesper: *Aggression. Warum sie für uns und unsere Kinder notwendig ist.* Hrsg. v. Ingeborg Szöllösi. Frankfurt: S. Fischer, 2014

Aggressives Verhalten gilt als Tabu und wird diskriminiert. Dieses Buch plädiert für ein radikales Umdenken und zeigt, was wir mit der Unterdrückung dieser legitimen Gefühle anrichten, wie wichtig es ist, diese zuzulassen und wie wir mit ihnen konkret umgehen können.

JUUL, Jesper: *Aus Erziehung wird Beziehung. Authentische Eltern – kompetente Kinder.* Hrsg. v. Ingeborg Szöllösi. Freiburg: Herder, 2005

Kinder auf eine sensiblere Art sehen, sie ernst nehmen und störendes Verhalten in Botschaften übersetzen: Das führt zu Autorität auf der Basis von Achtung, Verantwortung und gegenseitigem Respekt.

JUUL, Jesper: *Aus Stiefeltern werden Bonuseltern. Chancen und Herausforderungen für Patchwork-Familien.* Weinheim und Basel: Beltz, 2015

Auch wenn die Scheidung der Eltern für Kinder einen Verlust bedeutet: Ein neuer Partner von Vater oder Mutter kann ein wunderbarer Bonus sein. Jesper Juul führt durch wichtige Höhen und Tiefen des familiären Neuanfangs und zeigt: Wenn Erwachsene und Kinder miteinander im Gespräch bleiben und bestimmte Regeln beachten, dann kann die Patchworkfamilie zum Gewinn werden.

JUUL, Jesper: *Das Familienhaus. Wie Große und Kleine gut miteinander auskommen.* Weinheim und Basel: Beltz, 2015

Von der Geburt bis zur Pubertät: Jesper Juul nimmt seine Leser mit auf einen Rundgang durch die einzelnen Räume des Familienhauses und bietet dabei Unterstützung in sämtlichen Bereichen des Familienlebens. Ein Plädoyer, sich mit Enthusiasmus und Gelassenheit auf das Abenteuer Familie einzulassen.

JUUL, Jesper: *Das Kind in mir ist immer da. Mein Leben für die Gleichwürdigkeit.* Weinheim und Basel: Beltz, 2018

In diesem Buch erzählt Jesper Juul zum ersten Mal von seiner eigenen Kindheit und seinem außergewöhnlichen Leben zwischen tiefen Brüchen und großen Erfolgen. Juuls Autobiografie wirft ein neues Licht auf den Mann, der mit dänischer Geradlinigkeit und einem großen Einfühlungsvermögen in Familien zum innovativsten Erziehungsexperten Europas wurde.

JUUL, Jesper: *Dein kompetentes Kind. Auf dem Weg zu einer neuen Wertegrundlage für die ganze Familie.* Reinbek: Rowohlt, 2009

Jesper Juuls Konzept von der »gleichwürdigen« Familie wurde durch dieses Buch international bekannt. Kinder haben von Anfang an eine eigene Persönlichkeit und sind damit menschlich und sozial kompetente Partner ihrer Eltern. Wir Erwachsenen müssen lernen, auch störendes Verhalten in Botschaften zu übersetzen.

JUUL, Jesper: *Dein selbstbestimmtes Kind: Unterstützung für Eltern, deren Kinder früh nach Autonomie streben.* München: Kösel, 2020

Selbstbestimmten Kindern ist es wichtig, dass man sie ernst nimmt. Den besonderen Bedürfnissen dieser Kinder gerecht zu werden, stellt Eltern nicht selten vor große Herausforderungen. Der renommierte Familientherapeut Jesper Juul p lädiert für ein offenes und authentisches Miteinander anstelle von Machtkämpfen, Manipulation oder gar Kapitulation.

JUUL, Jesper: *Die intuitive Verbindung. Wenn ein Elternteil besondere Bedeutung für das Kind hat.* München: familylab-Schriftenreihe 07

Die intuitive Verbindung entfaltet ihre volle konstruktive Macht in dem Moment, in dem sowohl das entsprechende Elternteil als auch das Kind ihre Existenz anerkennen – vor allem dann, wenn das andere Elternteil in der Lage ist, diese Verbindung zu unterstützen.

JUUL, Jesper: *Die kompetente Familie. Neue Wege in der Erziehung.* Weinheim und Basel: Beltz, 2014

Wie verwandeln wir liebevolle Gefühle in liebevolles Verhalten? Denn einander zu lieben bedeutet nicht automatisch, dass Eltern und Kinder gut miteinander auskommen. Verantwortung und »Gleichwürdigkeit«, die Umsetzung persönlicher Werte im Familienalltag – dieses Buch bietet konkrete Hilfen für alle, die ihre eigene Rolle als Eltern und Partner finden wollen.

JUUL, Jesper: *Elterncoaching. Gelassen erziehen.* Weinheim und Basel: Beltz, 2016

Jesper Juul macht Eltern Lust und Mut, ihren eigenen Weg zu gehen und wichtige Themen anzupacken: Ist Gleichberechtigung der Schlüssel zu einem freundlichen Familienklima? Wie viel Freiheit und wie viel Führung brauchen Kinder? Entscheidend ist nicht nur die liebevolle Beziehung zwischen Eltern und Kindern, sondern auch, Raum und Zeit für sich selbst und den Partner zu haben.

JUUL, Jesper: *Essen kommen. Familientisch – Familienglück.* Weinheim und Basel: Beltz, 2017

Gemeinsame Mahlzeiten sind eine wertvolle Zutat nicht nur für Nähe und Harmonie in der Familie, sondern auch für die Entwicklung von Kindern. Jesper Juul zeigt, wie es gelingt, dass alle am Tisch sich wohlfühlen. Er macht Lust auf ausgewogenes Essen zusammen mit der Familie, nicht zuletzt dank einer Auswahl praxiserprobter Rezepte aus seiner skandinavischen Heimat.

JUUL, Jesper: *Familienberatung. Worauf es ankommt, wie sie gelingt.* München: Kösel, 2015

Ist ein Kind in Schwierigkeiten geraten, fühlen sich Eltern in Gesprächen mit Fachkräften schnell bevormundet oder kritisiert. Jesper Juul zeigt, welche meist verborgenen Ursachen hinter Familienkonflikten stehen und worauf es ankommt, damit Beratungsgespräche wirklich weiterhelfen.

JUUL, Jesper: *Frau & Mutter. Ein solidarischer Essay aus der Perspektive eines Mannes.* München: familylab-Schriftenreihe 01

»Wenn Sie eine Frau sind, hoffe ich, dass Sie meine Fürsorge und Wertschätzung hinter dem spüren können, was Sie vielleicht als harte oder kritische Aussagen wahrnehmen. Wenn Sie ein Mann sind, ermutige ich Sie, einen ernsthaften Blick auf Ihre eigene Rolle zu werfen und den Einfluss zu sehen, den Sie als Sohn, Liebhaber, Partner und Elternteil haben.« Jesper Juul

JUUL, Jesper: *Fünf Grundsteine für die Familie. Wie Erziehung funktioniert.* München: Kösel, 2015

In diesem Buch stellt Jesper Juul die fünf Grundsteine vor, auf deren Basis Familienleben gelingen kann: Er erklärt, was es mit Kooperation und Integrität auf sich hat, beschreibt, wie man persönliche

Verantwortung übernimmt, warum Eltern als Leuchttürme wirken müssen und wie man die Kunst, nein zu sagen, richtig ausübt.

JUUL, Jesper: *Grenzen, Nähe, Respekt. Auf dem Weg zur kompetenten Eltern-Kind-Beziehung*. Reinbek: Rowohlt, 2009

In diesem Buch geht es Juul um die heißen Quellen aller Familiendynamik: um Konflikte. »Konflikte zwischen Kindern und Eltern sind keine Anzeichen dafür, dass die Eltern ihrer Aufgabe nicht gewachsen sind, sondern dienen dazu, dass beide Seiten etwas lernen. Die Verantwortung für die Konflikte aber übernehmen in einer gesunden Familie die Eltern.«

JUUL, Jesper: *Leitwölfe sein. Liebevolle Führung in der Familie*. Weinheim und Basel: Beltz, 2016

Kindern kann nichts Besseres passieren als Eltern, die liebevoll ihre Führungsrolle in der Familie wahrnehmen. Klare Entscheidungen treffen, dabei auch Unpopuläres durchsetzen und zu einem zeitgemäßen Autoritätsverständnis finden – Jesper Juul ermutigt Mütter und Väter, einen Führungsstil zu entwickeln, an dem alle wachsen: Kleinkind, Teenager und nicht zuletzt die Eltern selbst.

JUUL, Jesper: *Liebende bleiben. Familie braucht Eltern, die mehr an sich denken*. Weinheim und Basel: Beltz, 2017

Jesper Juul macht Eltern Mut zur Zweisamkeit und beschreibt die Schlüsselpunkte zur guten Beziehung trotz Kind. Wenn Eltern ihrer Liebesbeziehung Zeit und Raum geben, leben alle Familienmitglieder leichter und zufriedener. Nur so kann ein harmonisches Umfeld entstehen, in dem Kinder bindungssicher und gestärkt aufwachsen und die Liebe zwischen den Eltern lebendig bleibt.

JUUL, Jesper: *Mann und Vater sein.* Hrsg. v. Ingeborg Szöllösi. Freiburg: Kreuz, 2011

Für Männer ist es eine riesige Chance, die Verantwortung für ein Kind mitzutragen. Auf dem Hintergrund vieler Einzelgespräche mit Vätern wird ein faszinierendes Spektrum neuer Lebensgefühle sichtbar. Jesper Juul zeigt, wie Männer ihre neue Rolle auf ganz eigene Art ausfüllen und wie alle davon profitieren: Kinder, Partnerin, aber auch die Gesellschaft. Und nicht zuletzt: sie selbst.

JUUL, Jesper/HØEG, Peter/BERTELSEN, Jes/HILDEBRANDT, Steen/JENSEN, Helle/STUBBERUP, Michael: *Miteinander. Wie Empathie Kinder stark macht.* Weinheim und Basel: Beltz, 2014

Die Stärkung des Mitgefühls gilt den Autoren dieses Buches als Voraussetzung für eine friedliche Welt des »Miteinander«. Dafür müssen Kinder – und Erwachsene! – wieder den Kontakt zu sich selbst finden, zu ihrem Körper und ihrem Herzen. Im Anhang finden sich praktische Übungen, die die Entwicklung von Kindern in Familie und Schule positiv beeinflussen werden.

JUUL, Jesper: *Nein aus Liebe. Klare Eltern – starke Kinder.* Weinheim und Basel: Beltz, 2014

Ein klares Nein ist oft die liebevollste Antwort, die wir geben können. Warum fällt es so schwer, zu seinen Kindern, zu seinem Partner, zu Menschen, die uns wirklich am Herzen liegen, NEIN zu sagen? Jesper Juul möchte Eltern ermutigen, mit gutem Gewissen nein zu sagen. Und er zeigt, warum das nicht nur den Erwachsenen, sondern der ganzen Familie guttut.

JUUL, Jesper: *Pubertät – wenn Erziehen nicht mehr geht. Gelassen durch stürmische Zeiten.* München: Kösel, 2010

In der Pubertät braucht es neue Wege für ein Miteinander, denn Erziehung wie in Kindertagen nützt nichts mehr. Dieses Buch basiert auf einem Intensivseminar, in dem Eltern und Jugendliche gemeinsam mit Jesper Juul Lösungen für ihre Probleme erprobten. So klappt Kommunikation mit Jugendlichen, die dichtgemacht haben! Mit zahlreichen Beispielen zu brennenden Elternfragen.

JUUL, Jesper: *Schulinfarkt. Was wir tun können, damit es Kindern, Eltern und Lehrern besser geht.* München: Kösel, 2013

Jesper Juul bezieht in diesem Buch vor allem Position für die Schüler, dabei aber nicht gegen die Lehrer. In seinem Plädoyer, die bestehenden Zustände an Schulen nicht mehr länger hinzunehmen, beschreibt er die Bausteine, die eine neue Schule braucht – damit sie nicht länger eine Institution ist, die Kindern und Jugendlichen die natürliche Freude am Lernen austreibt.

JUUL, Jesper: *Unser Kind ist chronisch krank. Ein Ratgeber für Eltern.* Weinheim und Basel: Beltz, 2014

Jesper Juul zeigt Wege auf, wie Eltern kranker Kinder Kraftquellen erschließen, die allen Familienmitgliedern Entlastung ermöglichen. Kraft, Lebensfreude und die richtige Balance entstehen dort, wo die eigenen Bedürfnisse ernst genommen werden. Und wo wir dem Kind zutrauen, schrittweise Eigenverantwortung im Umgang mit der Krankheit zu lernen.

JUUL, Jesper: *Vier Werte, die Kinder ein Leben lang tragen.* München: Gräfe und Unzer, 2012

In vier Kapiteln vermittelt Jesper Juul vier Werte, die tragfähige Säulen für eine gute Entwicklung von Kindern wie Familie sind: »Gleichwürdigkeit«, Integrität, Authentizität und Verantwortung. Für jeden Wert dienen reale Familiensituationen als Beispiel, die oft in bewegenden Briefen seiner Leser geschildert werden.

JUUL, Jesper: *Vier Werte, die Eltern und Jugendliche durch die Pubertät tragen.* München: Gräfe und Unzer, 2015

In der Übergangsphase von der Kindheit ins Erwachsenenalter steht nicht mehr die Erziehung im Vordergrund, sondern eine gute Beziehung zwischen Eltern und Kindern. Wie dies in der Praxis gelingt, zeigt Jesper Juul anhand realer Familiensituationen. Er ermutigt Mütter und Väter, die Jahre der Pubertät nicht vornehmlich als Krisenschauplatz zu betrachten, sondern als Chance.

JUUL, Jesper/JENSEN, Helle: *Vom Gehorsam zur Verantwortung. Für eine neue Erziehungskultur.* Weinheim und Basel: Beltz, 2012

Die Qualität der Beziehungen entscheidet maßgeblich darüber, ob Erziehung und Schule gelingen. Die alte Gehorsamskultur hat längst ausgedient. Juul und Jensen zeigen, wie wirkliche Alternativen aussehen und was Verantwortung in der Erziehung bedeutet. Anschaulich führen sie zu einem Mehr an Beziehungskompetenz – dem Grundbaustein einer neuen pädagogischen Kultur.

JUUL, Jesper: *Was Familien trägt. Werte in Erziehung und Partnerschaft. Ein Orientierungsbuch.* Weinheim und Basel: Beltz, 2013

Die Umbruchphase, in der wir leben, braucht ihre eigenen, neuen Wertmaßstäbe. An zahlreichen Beispielen aus dem Familienleben zeigt Jesper Juul, wie Mütter und Väter Werte als Kompass nutzen können: damit die Beziehung der Eltern zueinander und zu den Kindern stabil und tragfähig bleibt – auch in schwierigen Zeiten.

JUUL, Jesper/BOIE, Kirsten/SAALFRANK, Katharina: *Was tun, wenn der Hamster den Löffel abgibt? 60 Elternfragen beantwortet vom Familientrio.* Weinheim und Basel: Beltz, 2016

Muss ich den kranken Hamster zum Tierarzt bringen? Darf man die Kinder anderer Eltern erziehen? Elternprobleme sind oft so kniffig, dass eine Meinung längst nicht ausreicht. Das »Familientrio« aus der beliebten Kolumne der *Süddeutschen Zeitung* bietet witzige, informative und ungewöhnliche Denkanstöße zu Erziehung, Partnerschaft, Freunden und Familie.

JUUL, Jesper: *Wem gehören unsere Kinder? Dem Staat, den Eltern oder sich selbst? Ansichten zur Frühbetreuung*. Weinheim und Basel: Beltz, 2012

Jesper Juul entlarvt in seiner Streitschrift die Interessen, die hinter der Kampagne »Jedem Kind einen Krippenplatz« stehen, ruft zur Selbstbestimmung der Eltern auf und macht sich für eine dramatische Verbesserung der Qualität unserer Kinderkrippen und Kindergärten stark. Ob Betreuungsgeld oder Krippenplatz – kaum ein Thema wird von Politikern und Eltern derzeit heftiger diskutiert.

JUUL, Jesper: *Werte in Familie und Partnerschaft. Was Familien brauchen und können*. München: familylab-Schriftenreihe 05

Die Wertvorstellungen früherer Eltern waren ganz einfach: »In unserer Familie machen wir, was man macht, und wir machen nicht, was man nicht macht.« So war das. Als Paare, Partner oder Eltern haben wir heute andere Ziele. Bei diesem Buch handelt es sich um die Verschriftlichung eines Vortrags, den Jesper Juul 2009 vor Eltern und Fachleuten gehalten hat, sowie einer an den Vortrag anschließenden Fragerunde.

JUUL, Jesper: *Wir sind für dich da. 10 Tipps für authentische Eltern*. Freiburg: Kreuz, 2014

Jesper Juuls Ziel ist eine Familienkultur, die von Präsenz, Verständnis und Offenheit geprägt ist. Zehn einfache Impulse helfen, einen authentischen Umgang zu pflegen, der die Entwicklung von Kindern stärkt. Für Eltern, die sich und ihre Kinder nicht verbiegen wollen.

JUUL, Jesper: *Wollen wir wirklich starke und gesunde Kinder? Ein politischer Essay*. München: familylab-Schriftenreihe 02

»Wollen wir wirklich starke und gesunde Kinder? Ich persönlich kann diese Frage mit einem klaren Ja beantworten. Der Tag, an dem wir dazu fähig sind, starke und gesunde Kinder aufzuziehen und zu unterrichten, wird ein riesengroßes Geschenk sowohl für die Kinder als auch für die Eltern, Pädagogen und diejenigen, die für die Wirtschaft unserer Länder verantwortlich sind, sein.« Jesper Juul

DVDs von Jesper Juul – eine Auswahl

JUUL, Jesper/JENSEN, Helle: *Die 9. Intelligenz – die Intelligenz des Herzens*. DVD. München: familylab

Die 9. Intelligenz ist die Eigenschaft, mit der man seine innere Natur entdeckt, ihr begegnet und sie wiedererkennt. An der Schule in Elling in Nordjütland/Dänemark arbeiten Lehrer und Schüler mit verschiedenen Übungen, die den Kontakt nach innen vermitteln. Die Lehrer haben mehr Freude daran, Lehrer zu sein. Sie erhalten neue Werkzeuge zur Anwendung bei Konflikten und Unruhe in den Stunden, und sie lernen dabei gleichzeitig ihre eigene persönliche Verantwortung sowie die der Schüler zu stärken.

JUUL, Jesper/HÜTHER, Gerald: *Erziehen mit Herz und Hirn*. DVD. München: familylab

Erleben Sie eine Sternstunde der Pädagogik. Zwei von tiefer Menschlichkeit und großer fachlicher Kompetenz geleitete Wissenschaftler und Praktiker kamen zusammen, um das Thema zu diskutieren: »Erziehen mit Herz und Hirn – Was unsere Kinder brauchen.«

JUUL, Jesper: *Familien mit Vorschulkindern. Vom Paar zur Familie.* 2 DVDs. München: familylab

In diesem Seminar haben die zehn Familien, die mit Jesper Juul gearbeitet haben, einige der Schlüsselpunkte berührt, die wesentlich sind für ein Paar, das die Verwandlung durchlebt, eine Familie zu werden. Es ging in diesem Seminar um Fragen wie: Ist es OK, als Partner unterschiedlich zu sein? Warum wiederholen wir die Fehler unserer Eltern? »Lebewohl Paar – hallo Familie«, wie geht das?

JUUL, Jesper: *Gibt es unerreichbare Jugendliche – oder sind unsere Arme zu kurz?* 2 DVDs. München: familylab

Wir müssen aufhören, uns vor Jugendlichen zu fürchten. Eltern sind vor allem in der Rolle des Sparringpartners gefragt, der maximalen Widerstand bietet und minimalen Schaden anrichtet. Aufzeichnung vom familylab-Symposium mit Jesper Juul, Dr. Bernhard Bueb, Rupert Voß. Moderation: Cordula Stratmann.

JUUL, Jesper: *Kinder, Familien, Schulen unter Druck.* 2 DVDs. München: familylab

Vier Vorträge und Interviews mit Jesper Juul auf zwei DVDs.

1) »Pubertät – erziehen geht nicht mehr«
2) »Erziehen – eine Frage des Respekts«
3) »Schule, Kinder und Eltern unter Druck«
4) »Wie kann sich Schule entspannen?«

JUUL, Jesper / RÜTZLER, Hanni: *Mahlzeit! Gemeinsam essen tut Familien gut.* DVD-Video. familylab.at, futurefoodstudio und Renate Götz Verlag

Wie lässt sich im Alltag die Autonomie der Kinder beim Essen mit der elterlichen Verantwortung verbinden? Welche Rolle kann gemeinsames Kochen für die Intensivierung der Eltern-Kind-Beziehungen und die Lust auf gutes und gesundes Essen spielen? Diesen und anderen Fragen gehen Jesper Juul und Österreichs bekannteste Ernährungswissenschaftlerin und Gesundheitspsychologin Hanni Rützler nach.

JUUL, Jesper: *Pubertät ist eine Tatsache, keine Krankheit.* 2 DVDs. München: familylab

Zehn Familien arbeiten mit Jesper Juul. »Das sogenannte Problem oder Symptom ist nicht so wichtig. Wichtig ist die Person, die das Symptom trägt. Wir können das Problem nicht lösen, aber wir können Menschen darin unterstützen, destruktive Systeme, Perspektiven und Verhalten ins Konstruktive zu wandeln.« Jesper Juul

JUUL, Jesper: *Was erzieht wirklich? »Die kompetente Familie«. Ein Vortrag von Jesper Juul.* DVD. Weinheim und Basel: Beltz, 2010

Machen Sie es sich zu Hause gemütlich und sehen Sie Jesper Juul »live«. Sein Erfahrungsschatz ist immens und in Vorträgen wie diesem lässt er seine Zuhörer daran teilhaben – mit viel Humor und mit vielem, was das (Familien-)Leben bereichert. »Wie reden meine Eltern miteinander? Wie mit anderen? Wie gehen die mit Konflikten um? Das erzieht.« Jesper Juul

JUUL, Jesper: *Wenn Kinder Jugendliche werden. Ein Vortrag von Jesper Juul.* DVD. Weinheim und Basel: Beltz, 2010

Eine Mutter eines Jugendlichen fragt Jesper Juul: »Heißt das, ich kann meinen Sohn nicht mehr beschützen?« »Ja, das heißt es, es ist jetzt vorbei. Du kannst ihn nicht mehr schützen gegen diese furchtbare Welt. Es geht nicht mehr. Er muss das selber machen, aber am liebsten nicht alleine. Es ist viel besser, wenn du dabei bist.« Jugendliche Mädchen und Jungen müssen lernen, selbstständig zu sein, und sie brauchen eine neue Qualität der Beziehung zu ihren Eltern.

Bücher von Mathias Voelchert

VOELCHERT, Mathias: *Chancen verlieben sich*. Windberg: Edition + Plus, 2014

VOELCHERT, Mathias: *Ich geh aber nicht mit zum Wandern! Die 50 häufigsten Familienkonflikte und wie Sie da gut wieder rauskommen*. Mit Andrea Kästle. München: Kösel, 2014

VOELCHERT, Mathias: *Liebevolle elterliche Führung. Das Praxisbuch*. Weinheim und Basel: Beltz, 2018

VOELCHERT, Mathias: *Trennung in Liebe*. München: Kösel, 2019

VOELCHERT, Mathias: *Zum Frieden braucht es zwei, zum Krieg reicht einer. Wie Paare Konflikte in Liebe lösen*. München: Kösel, 2016

Editorische Notiz

Dieses Buch entstand auf der Grundlage folgender Vorträge Jesper Juuls:

Pubertät – Erziehen geht nicht mehr, Veranstaltung in der Universität Hamburg, 2011

(Jesper Juul: *Kinder, Familien, Schulen unter Druck.* 2 DVDs. München: familylab)

Erziehen – eine Frage des Respekts, Veranstaltung im Hygienemuseum Dresden, 2011

(Jesper Juul: *Kinder, Familien, Schulen unter Druck.* 2 DVDs. München: familylab)

Für eine neue Erziehungskultur, Veranstaltung am Institut für Pädagogik, Allg. Didaktik/Schulpädagogik, Fachbereich I, Universität Koblenz-Landau

(Unveröffentlichtes Material)

Danksagung

Mein besonderer Dank gilt der Lektorin Petra Dorn vom Beltz Verlag. Sie hat es geschafft, die transkribierten Texte Jesper Juuls in eine sehr sinnstiftende Folge zu bringen.

Ich danke Frau Nuka Matthies. Sie hat mit viel Aufwand und Geduld die Tonaufnahmen der Vorträge Jesper Juuls verschriftlicht. Wir haben immer wieder telefoniert, um das geschriebene Wort so nah am gesprochenen Wort zu belassen wie möglich.

Ich danke Jesper Juul dafür, dass es für ihn immer selbstverständlich war, dass wir seine öffentlichen Auftritte mitschneiden oder filmen konnten. Erst heute bemerken wir so richtig, welcher Schatz in seinen präzisen Formulierungen für uns steckt. Dabei war es für ihn überhaupt nicht einfach, in einer für ihn fremden Sprache auf komplizierte Zusammenhänge einzugehen.

Und ich danke den vielen, vielen Eltern und Fachleuten, die zu den Vorträgen mit Jesper Juul gekommen sind und sich für die Arbeit von familylab interessieren – und die das mehr denn je tun.

Ihr Mathias Voelchert

Gründer und Leiter von familylab – die familienwerkstatt

Über Jesper Juul

©Anne Kring

Jesper Juul, (1948–2019) war Lehrer, Familientherapeut, Konfliktberater und Autor. Er wurde in Dänemark geboren und lebte dort den größten Teil seines Lebens. Jesper Juul gehörte zu den großen Impulsgebern für eine Pädagogik der Zukunft. Als einer der innovativsten Familientherapeuten Europas unterstützte er mit seinen 2004 gegründeten Familienwerkstätten »familylab international« Eltern dabei, eine authentische und respektvolle Führungsrolle in der Familie einzunehmen.

Seine Biografie ist so vielseitig wie seine Pädagogik. Er ging mit 16 zur See, arbeitete als Koch und Kellner, studierte Religion und europäische Ideengeschichte, wurde Vater und arbeitete mit straffälligen Jugendlichen. In Holland und den USA bei Walter Kempler bildete er sich zum Familientherapeuten weiter. Lange Jahre war er Leiter des von ihm gegründeten »Kempler Instituts Skandinavien«. Kempler gehörte zu denjenigen Mitarbeitern von Fritz Perls, die die Gestalttherapie ab Mitte der 1970er-Jahre nach Europa brachten. Jesper Juul entwickelte daraus eine eigenständige Therapie- und Beratungsform: Kurzzeitinterventionen mit der ganzen Familie und eine spezifische Beratungspraxis, die von einer natürlich vorhandenen sozialen Kompetenz des Kindes und der »Gleichwürdigkeit« von Kindern und Erwachsenen ausgeht. Jährlich arbeitete er drei Monate unentgeltlich als Betreuer von traumatisierten Kindern, Flüchtlingen und Kriegsveteranen in Kroatien.

Jesper Juul war Autor von über 40 Büchern und DVDs, die in viele Sprachen übersetzt wurden. Er war Vater eines Sohnes und Großvater zweier Enkelsöhne.

Weitere Informationen zu Jesper Juul unter:
www.jesperjuul.com
www.familylab.de
www.familylab.at
www.familylab.ch
www.facebook.com/familylab
www.twitter.com/family_lab
www.ddif.de
www.dfti.dk
www.igfb.org

familylab – die familienwerkstatt

familylab bietet Eltern wertvolle Inspiration und Beratung. Wir ermuntern Eltern, gemeinsam zu erforschen, wer sie sind und was sie sich wünschen – bezogen auf ihre Familie im Allgemeinen ebenso wie auf aktuelle Konflikte, die sie erfahren.

familylab gibt es in vielen Ländern: Slowenien, Schweiz, Schweden, Norwegen, Frankreich, Deutschland, Polen, Kroatien, Serbien, Österreich, Lettland, Luxemburg, Niederlande, Kanada, Ecuador, Italien, Belgien, Australien, Bulgarien, Türkei, Tschechien, Dänemark, Bosnien & Herzegowina, Irland, Island, Sambia, Sri Lanka.

Was Sie als Eltern von familylab erwarten können

Wir bieten Ihnen Beratung, Vorträge und Workshops durch qualifizierte Fachleute in Ihrer Nähe. Im Internet finden Sie umfangreiche Informationen rund um das Zusammenleben in der Familie, dazu kostenlose Videos, Downloads, Interviews, Veranstaltungshinweise, Bücher/DVD-shop, den *familylab*-newsletter und vieles mehr.

familylab für Firmen und Schulen

Wir bieten Inspiration, Vorträge und Workshops für Firmen und ihre Mitarbeiter sowie für Schulen, Leitungsteams und Lehrer an. Schreiben Sie uns!

Weiterbildung zur familylab-Seminarleiterin/zum familylab-Seminarleiter

Wenn Sie Eltern mögen und ihnen vertrauen und wenn Sie mithelfen wollen, dass die Beziehungen zwischen Eltern und ihren Kindern noch besser werden, dann beachten Sie unser Weiterbildungsangebot zur *familylab*-Seminarleiterin/zum *familylab*-Seminarleiter. Wir suchen Fachleute mit mindestens fünf Jahren Berufserfahrung, die sich für ein neues, außergewöhnliches Projekt für Eltern in Deutschland/Österreich/der Schweiz engagieren wollen. Wir bieten Ihnen ein intensives, achttägiges Training mit einem zertifizierten Abschluss durch *familylab* an sowie fortlaufende qualifizierte Weiterbildungen. Das Training findet auf Deutsch statt.

Alle Institute von *familylab* bieten Beratung, Vorträge und Workshops für Eltern wie auch für Firmen und Schulen an sowie Weiterbildungen für Fachleute.

Deutschland

familylab.de
familylab Deutschland GmbH
Leitung: Heidy de Blum
Telefon: 01573-9602434
info@familylab.de
www.familylab.de

Österreich
familylab.at
Katharina Weiner GmbH
Hagenberggasse 11
A-1130 Wien
00 43-(0)66 41 41 66 33
info@familylab.at
www.familylab.at

Schweiz
familylab.ch
Family Management GmbH
Caroline Märki-von Zeerleder
Lindenhofrain 6
CH-8708 Männedorf
0041-(0)78-7883879
cmaerki@familylab.ch
www.familylab.ch

ddif – Deutsch-Dänisches Institut für Familientherapie und Beratung

Beziehung, Prozess und Dialog sind drei Grundpfeiler zeitgemäßer Familientherapie und Pädagogik. Walter Kempler und Jesper Juul haben diese Haltung in Dänemark maßgeblich geformt und mitentwickelt. In dem von Jesper Juul gegründeten Kempler Institute of Scandinavia wurde ein Ausbildungsgang für erlebnisorientierte Familientherapie entwickelt und über viele Jahre unterrichtet.

Das ddif – Deutsch-Dänische Institut für Familientherapie und Beratung hat diesen Ansatz als neues Aus- und Weiterbildungsangebot nach Deutschland gebracht. Jesper Juul selbst unterstützte die Gründung im Jahr 2010 und unterrichtete die Jahrgänge bis zu seiner Erkrankung in der Ausbildung zu erlebnisorientierter Familientherapie.

Die Ausbildung zu erlebnisorientierter Familientherapie ist in gleichem Maße darauf ausgerichtet, Familien zu begleiten und zu beraten als auch mit Pädagogen und Pädagoginnen an der Beziehungsqualität in Schulen, Kindergärten und anderen pädagogischen bzw. therapeutischen Einrichtungen zu arbeiten. In den Ausbildungsmodulen geht es um die Entwicklung der persönlichen Kontakt- und Beziehungsfähigkeit als Voraussetzung für eine verantwortungsvolle Arbeit mit Menschen. Erlebnisorientiertes Arbeiten kennzeichnet auch die Struktur der Ausbildung. So erarbeiten die Teilnehmenden die theoretischen Grundlagen anhand der Themen, die sie einbringen, und der konkreten Beratungsverläufe im Lauf der Module. Nur wenn persönliche Reife und theoretisches Wissen gleichermaßen wachsen, ist eine gleichwürdige Begegnung in der Beratung oder Therapie zu erreichen.

Weitere Angebote am ddif:
»Vom Gehorsam zur Verantwortung«: Sechs Wochenendmodule bieten einen intensiven Einstieg in die Theorie und Praxis pädagogischer Prinzipien und der Werte, die Jesper Juul formuliert hat.
»Training Empathie«: Das zweijährige Training für Pädagoginnen und Pädagogen bietet Helle Jensen seit 2015 am ddif an. Beziehungskompetenz und Achtsamkeitspraxis zusammenzubringen, wie es Helle Jensen gelingt, ist in der Form einzigartig. Es sind genau die Grundfähigkeiten, die Pädagogen und Pädagoginnen in ihrer herausfordernden täglichen Arbeit an Schulen und in Kindertagestätten brauchen.

Das ddif berät zudem Institutionen und entwickelt individuelle Fortbildungskonzepte für bestehende Teams und Kollegien.

www.ddif.de